ÉCHO

DES

ASSEMBLÉES GÉNÉRALES

QUE

l'Église Évangélique de Cette

A TENUES A NIMES

du 20 au 27 Octobre 1901

POUR

célébrer le Centenaire de la Naissance

DE

Madame ARMENGAUD-HINSCH

NIMES

IMPRIMERIE COOPÉRATIVE « LA LABORIEUSE »

7, Rue J.-B.-A. Godin, 7

1902

Mme ARMENGAUD — Coraly HINSCH,

NÉE A CETTE, LE 8 AOUT 1801,
DÉCÉDÉE A NIMES, LE 14 JUILLET 1890.

ÉCHO

ASSEMBLÉES GÉNÉRALES

QUE

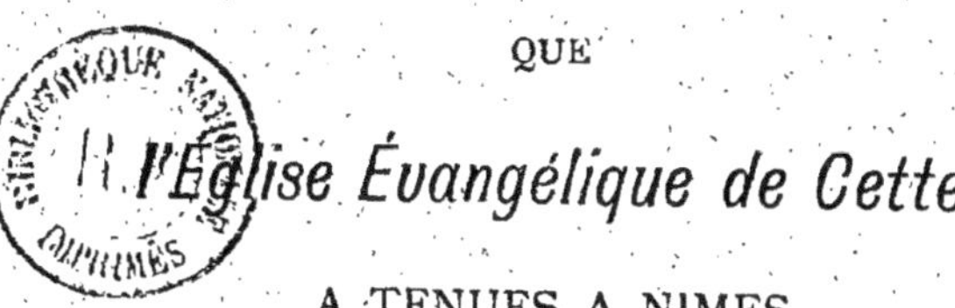

l'Église Évangélique de Cette

A TENUES A NIMES

du 20 au 27 Octobre 1901

POUR

célébrer le Centenaire de la Naissance

DE

Madame ARMENGAUD-HINSCH

NIMES

IMPRIMERIE COOPÉRATIVE « LA LABORIEUSE »

7, Rue J.-B.-A. Godin, 7

1902

C'est pour répondre au désir de nos Eglises, que nous publions le Compte-Rendu analytique de nos Assemblées du mois d'Octobre 1901.

Les prédications, simples improvisations, qui y figurent, ont été conservées de mémoire par quelques amis dévoués qui se sont imposé cette fatigue avec joie.

Nous regrettons de ne pouvoir communiquer aussi les précieuses allocutions prononcées chaque matin par les fidèles qui présidaient les réunions de prières. Ce qui en faisait surtout la valeur, c'était le récit de leur expérience personnelle. Il en était de même de toutes les prières.

Nous demandons à Dieu de bénir abondamment la lecture de ces pages qui donnent exactement la physionomie de notre Eglise quant à la Doctrine et à la vie spirituelle.

Lettre de Convocation

Nimes, 11 Octobre 1901.

Mes Bien-Aimés,

Comme vous le savez, Mme Armengaud — Coraly Hinsch, — notre chère et bienheureuse Mère en la foi, décédée le 14 juillet 1890, aurait accompli sa centième année le 8 août dernier ! A ce moment-là, plusieurs amis exprimèrent le désir de célébrer ce centenaire béni par des assemblées générales. Ce désir fut encore fortifié à l'ouïe du langage orgueilleux d'un homme sorti d'entre nous, qui, se posant en prophète, affirme qu'après la mort des pasteurs actuels de notre Eglise, particulièrement du plus ancien, cette chère Eglise ne tardera pas à disparaître !

Vos pasteurs ont donc décidé d'inviter à se réunir à Nimes ceux de nos frères qui, à l'exemple des chrétiens de Macédoine, « se sont donnés eux-mêmes au Seigneur et puis à nous, *selon la volonté de Dieu.* » (II Corinth. VIII).

A ces amis, *espérance ferme de l'avenir,* se joindront ceux qui se proposent d'imiter leur exemple.

Ce sera le meilleur témoignage à rendre à l'œuvre excellente que notre Mère bien-aimée a accomplie de son vivant, et que ses disciples continuent en restant inébranlables sur le fondement d'une foi parfaite au Père, au Fils et au Saint-Esprit. Plusieurs de nos compagnons d'œuvre ont déjà devancé Mme Armengaud ou l'ont suivie dans la gloire éternelle, après avoir travaillé avec elle au salut des âmes. Nous qui avons eu aussi le privilège de la connaître et de combattre à ses côtés, nous achèverons notre course en mettant toujours plus parfaitement nos pieds dans l'empreinte de ses pas et en racontant tout le bien que le Seigneur nous a fait par son moyen. Ceux qui prêteront une oreille attentive à nos paroles, apprendront à connaître et à aimer cette nouvelle Débora, sans avoir vu son visage, comme nous nous sommes attachés aux prophètes, aux apôtres et à Jésus-Christ Lui-même sans les avoir vus !

Mme Armengaud pouvait nous dire : « Soyez mes imitateurs, comme je le suis aussi de Christ. » — (I Corinth. xi, 1). — Ceux qui ont vu dans ce témoignage l'expression d'une profonde humilité, ont répondu à l'appel qu'il renferme et ont formé ainsi un corps spirituel dont tous les membres sont étroitement unis.

Ce corps, au lieu de se désagréger après le départ de notre Mère, s'est au contraire fortifié. C'est ce dont notre rassemblement fournira une preuve évidente. Oui, il y a dans nos Eglises des âmes qui,

par la foi aux « grandes et glorieuses promesses »,
ont été rendues « participantes de la nature divine. »
(II Pierre I, 4). Avec le Psalmiste, elles disent :
« Nous irons à la Maison de l'Eternel. Nos pieds
se sont arrêtés dans tes portes, ô Jérusalem ! Jérusalem, qui es bâtie comme une ville bien unie, en
laquelle montent les tribus, les tribus de l'Eternel ;
ce qui est un témoignage à Israël pour célébrer le
nom de l'Eternel. C'est là que sont posés les trônes
de la maison de David. Nous prierons pour la
paix de Jérusalem ; que ceux qui l'aiment jouissent
de la paix. Que la paix soit dans ses murs, et la
prospérité dans ses palais. » (Ps. CXXII).

Tous les membres de nos chères Eglises ne sont
pas dans ce glorieux état. Plusieurs même dorment
encore profondément devant *la loi royale ;* nos
adversaires prennent occasion de cette épreuve pour
nous mépriser et prédire notre chute. Mais les portes
de l'enfer ne sauraient prévaloir contre « *la colonne
et l'appui de la vérité* », bâtie sur le Rocher des
siècles, Jésus-Christ ! Cette Eglise, il est vrai, aura
toujours dans son sein « *des pauvres* » à qui elle
devra faire du bien.

Certains « pauvres » se croyant riches ne sup-
portent pas longtemps les instructions, les conseils
et les répréhensions des saints ; d'autres, convaincus
de leur misère, prennent en bonne part la parole
d'exhortation et donnent une bonne espérance pour
l'avenir. Aux Corinthiens, pauvres comparativement
aux Philippiens ; aux Philippiens, pauvres compa-

rativement à l'apôtre qui se donnait à eux pour modèle ; à tous ceux qui n'ont pas encore atteint *le but*, le Saint-Esprit dit : « Toutes choses sont à vous, Paul, Apollos, Céphas, la vie, la mort ; *toutes choses* sont à vous », et vous êtes à Christ et Christ est à Dieu ! » (I Corinth., III, 21-22).

Je voudrais, chers amis, m'étendre longuement sur ces importants sujets ; mais je dois m'arrêter. Je le fais en exprimant le désir que les bénédictions reçues ne nous voilent pas nos sujets d'humiliation. Humilions-nous donc sous la puissante main de Dieu, tout en lui adressant nos vives actions de grâces ; mais humilions-nous sans découragement. Que l'interdit soit recherché avec soin et combattu jusqu'à entière destruction. Que rien dans notre fête ne déplaise à l'Eternel. Souvenons-nous que Christ, notre Pâque, a été *immolé*, et célébrons la fête, non avec le vieux levain de la malice et de la méchanceté, mais avec les pains sans levain de la sincérité et de la vérité. (I Corinth. v, 6). — Que nos amis de Cette se souviennent de ma prédication du 21 juillet dernier sur le non accomplissement de certains vœux aussi ardents que légitimes de notre bienheureuse Mère ; et que nos amis du Vigan n'oublient pas avec quelle force j'attaquai, le 15 septembre, l'esprit de mondanité et d'indépendance qui en entraîne plusieurs ! « Tous cherchent leurs propres intérêts, et non ceux de Jésus-Christ, » écrivait avec tristesse l'apôtre Paul. Vous, que cette accusation n'atteint pas, priez afin de ne pas participer au péché d'autrui, en négligeant de le reprendre. Veillez les uns sur les autres, avec *fidélité* et *amour* !

Les chefs de famille doivent souhaiter, avant tout, pour leurs enfants, la conversion à Dieu par Jésus-Christ, et une affection filiale pour leurs pasteurs. Qu'ils veillent aussi à ce que les plus jeunes suivent régulièrement l'instruction religieuse du jeudi.

Nos Assemblées s'ouvriront le 20 de ce mois et se termineront le 27. Vous ne pourrez pas tous y venir, chers amis, mais vous pourrez tous vous unir à nous en esprit, dans la prière.

Nous ferons tout ce qui dépendra de nous pour bien vous recevoir ; mais notre pouvoir est limité. Heureux ceux qui ont appris du Seigneur à être contents de l'état où ils se trouvent. Nous n'avons pas égard, vous le savez, à l'apparence des personnes ; mais il y a certaines distinctions qu'on ne peut éviter de faire.

Apportez vos *Bibles* et vos cantiques.

En attendant le plaisir de vous voir et de vous donner le baiser de charité, recevez tous la salutation apostolique : « La grâce du Seigneur Jésus-Christ soit avec vous. Amen. »

Votre dévoué dans la foi à ce divin Sauveur.

Ed. Kruger.

ASSEMBLÉES DU 20 OCTOBRE

Culte du Matin

Notre première réunion a été présidée par Mme Nissolle, avec l'onction et la vertu qui la caractérisent.

Après avoir lu les chap. III et IV de la 1re épitre aux Corinthiens, et prié avec ferveur, elle s'est exprimée à peu près en ces termes :

Mes bien-aimés, nous avons prié; prions encore par le Saint-Esprit, avec humilité et confiance, et Dieu nous montrera sa face. Il fera briller sa gloire dans son sanctuaire ; non point une gloire terrestre, *mais la sienne*, celle que le monde ne connaît point et ne peut comprendre.

C'est avec une émotion profonde que je prends la parole au début de ces Assemblées ; mais je suis fortifiée par le sentiment que mon cœur est étroitement uni à ceux dont la foi et l'amour sont plus grands que les miens, et qu'ils élèveront aussi leur cœur à Dieu en votre faveur.

Ces réunions solennelles ont pour but de donner gloire à Dieu pour le bien qu'il nous a fait par le Ministère de la femme fidèle dont nous célébrons le Centenaire. Vous savez qu'elle était de la race bénie des Abel, des Joseph, des Daniel.

J'ai eu le privilège de connaître Mme Armengaud dès ma jeunesse ; si mon intelligence n'a pas compris sa doctrine immédiatement, mon cœur en a promptement saisi l'esprit. J'ai eu des sujets d'humiliation, des heures de défaillance ; mais le Seigneur m'a gardée dans son royaume de vérité et de justice où j'étais entrée par la foi, et il me gardera jusqu'à la fin. Je suis une vraie fille de cette femme dans l'intimité de laquelle j'ai vécu, apprenant à connaître son cœur d'amour. Je pensais sérieusement à elle ces derniers temps, ainsi qu'à ceux qui sont avec elle dans la gloire des cieux, particulièrement à Mme Pommier, M. Armengaud, Mlle Pouget ! Et, remplie d'admiration devant les voies de Dieu à notre égard, je m'écriais : « O Dieu ! tous tes bienfaits sont sur nous ! Tu t'es formé un peuple vraiment uni ! »

L'union, c'est la force qui nous caractérise. Soyons toujours plus unis, afin que la gloire de Dieu se manifeste en nous et autour de nous. Dieu nous a fait et il nous fera de grandes choses. Attachons-nous toujours plus à la justice du royaume des cieux, et toutes les autres choses nous seront données par dessus. Croyons au grand salut que Christ nous a acquis par son sacrifice expiatoire. Il s'est donné pour nous, « se rendant obéissant jusqu'à la mort, jusqu'à la mort même de la croix. » Il a mis volontairement son âme et son corps en oblation, et son divin sacrifice a été accepté par le Père. C'est par l'immolation de Celui qui est le resplendissement de la gloire du Père, la marque empreinte de sa personne, que *la tête* du Serpent ancien a été écrasée.

Je m'adresse aussi aux élèves de nos Asiles, de ces Asiles qui sont un des fruits de la foi et de la charité de notre Mère. Chères enfants ! Quel privilège Dieu vous accorde d'entendre journellement sa Parole. Que ces jours de rassemblement particulier soient aussi des jours de réveil, de conversion pour vous ! Laissez briser vos chaînes par le divin Libérateur, et d'esclaves vous deviendrez libres. Que celles qui aiment déjà le Sauveur et l'Eglise qui les a enfantées à l'Evangile se réjouissent de pouvoir dire à leur tour, avec le Psalmiste : « *Je suis née là !* » (Ps. 87).

Notre Eglise a ce privilège immense d'avoir pour conducteurs de vrais serviteurs de Dieu. Heureux ceux dont les regards sont tournés vers ces âmes d'élite qui leur ont manifesté la puissance et la bonté du céleste Père.

Je suis heureuse que Dieu ait assez renouvelé mes forces pour que je puisse m'unir à vous pour mon propre bien et pour celui de mes frères. Mais, chers amis, mes forces, comme celles de tous les anciens, diminuent et le jour viendra où nous disparaîtrons. Il faut donc que les jeunes se préparent à nous remplacer. Ne le voulez-vous pas ? L'arche de notre Eglise continuera certainement à s'élever au-dessus des eaux. Les épreuves les plus douloureuses n'ont pu l'arrêter dans sa marche. Jetons des cris de joie devant l'Eternel, en le priant de nous faire grâce et de nous laver dans le sang précieux de son Fils adorable.

Nous sommes sauvés par grâce, par la foi, c'est un don de Dieu. Que chacun saisisse avec empressement ce don tout gratuit et parvienne ainsi à la pleine possession de l'héritage des saints. La connaissance du cœur de Dieu n'enfle pas ; elle édifie, et nous rend capables de le faire connaître et aimer autour de nous.

C'est Dieu qui a inspiré à notre vénéré pasteur la pensée de convoquer ces réunions générales. Que personne ne rende son conseil inutile ! Dieu est avec nous. Il marche à notre tête, tout Israël le suit, l'arche est son pavillon ! Joignons-nous à cet Israël, à cette nuée de témoins fidèles qui marchent les yeux fixés sur Jésus, chef et consommateur de notre foi.

En dehors de nos heures de culte, ne perdons pas notre temps en conversations inutiles ; cherchons le Seigneur dans la solitude, cherchons-le avec les « deux ou trois » qui craignent son nom, et le but de notre rassemblement sera atteint. Un mouvement se produira parmi les os secs, nos captifs seront ramenés, et les âmes déjà vivantes recevront « l'*abondance* de *la vie !* »

O Dieu ! continue à nous bénir et fais luire sur nous la clarté de ta face. Amen.

M. Krüger a ajouté : Vous le comprenez, mes amis, si nous avons prié Mme Nissolle d'ouvrir nos assemblées, c'est parce qu'elle est la doyenne de nos prédicateurs femmes. Comme elle nous l'a dit, elle a connu très intimément Mme Armengaud, et elle l'a suivie pendant longtemps comme une vraie fille. Il nous est doux de savoir qu'elle n'a jamais varié dans son attachement à la « saine doctrine ! » Sans doute, Mme Nissolle a eu ses heures d'obscurité et de faiblesse, mais combien grande a été sa fidélité ! Ceux qui l'ont jugée et condamnée à cause de certains défauts de caractère se sont rendus bien coupables. Qu'ils s'humilient promptement, afin de n'être pas privés de la récompense accordée à ceux qui reçoivent un juste en qualité de juste. Je pensais sérieusement, en écoutant notre sœur, à cette parole du Sauveur : « Ne jugez point afin que vous ne soyez point jugés ; car on vous jugera du même jugement dont vous aurez jugé ; et on vous mesurera de la même mesure dont vous aurez mesuré les autres. »

Y aurait-il de l'injustice en Dieu ? Nullement ! Mais si nous condamnons injustement les hommes, notre injustice sera justement châtiée. Si nous disons : « Œil pour œil, dent pour dent, meurtrissure pour meurtrissure, » nous attirerons sur nous le juste jugement de Celui qui rendra à chacun selon ses œuvres. — Dieu ne juge pas comme les hommes, il regarde au cœur. C'est parce qu'Il discernait le cœur d'un Moïse ou d'un David, que ces hommes lui étaient agréables en dépit des fautes qu'ils ont pu commettre et dont ils se sont repentis. « Ne jugez point avant le temps, » est-il dit dans les chapitres que nous venons de lire. Nous devons cependant discerner ceux qui viennent à nous « en habits de brebis et qui au-dedans sont des loups ravissants ! » En habits de brebis ! c'est-à-dire, avec des dehors de bonté, de douceur, de bienséance, tandis que le cœur est rempli de fierté et de malice. Seul, l'Esprit-Saint peut nous rendre capables de juger sainement.

Chers amis, que ces jours soient pour tous un temps de réveil ! *Regardez à Jésus* qui seul donne la victoire. Si Mme Armengaud a été pour nous un précieux modèle, c'est parce que, avec les premiers apôtres, elle a toujours dit : « Nous ne voulons savoir autre chose parmi vous que Jésus-Christ et Jésus-Christ crucifié. » Elle s'est tenue aux pieds de ce divin Sauveur, vivant de sa vie, aimant de son amour ; n'ayant d'autre ambition que de lui préparer un peuple bien disposé. Que le Seigneur fasse encore lever sur nous la lumière de sa face cet après-midi. Retirons-nous maintenant en paix, dans le recueillement et la prière, après avoir chanté les versets 4 et 6 du Cantique 117e :

Contemplez votre Chef suprême
Et les yeux sur Jésus, la foi triomphera.
Ne le voyez-vous pas lui-même,
Sanglant, revenir de Botsra ?

Et maintenant, c'est la couronne
Qu'en ses divines mains on voit briller pour vous.
C'est à ce prix qu'Il vous la donne,
Recevez-la donc à genoux !

Culte de l'Après-Midi

Présidence de M. le Pasteur Edouard Krüger.

Après la lecture du Psaume 103, M. Krüger nous a dit :

C'est parce que l'Eternel est *lent* à la colère, qu'il est redoutable pour ceux qui méprisent son amour. L'Ecriture nous parle de « la colère de l'*Agneau* », et nous déclare que « c'est une chose terrible que de tomber entre les mains du Dieu vivant ! » Les souffrances physiques, toutes les épreuves d'ici-bas, ne sont rien comparées aux souffrances morales endurées par les réprouvés, à l'éternelle agonie de ceux auxquels Dieu dira : « Allez, maudits, au feu éternel, préparé pour le diable et pour ses anges ! › Heureux ceux qui évitent ce terrible malheur par une sincère conversion.

Le psalmiste invite les saints et les anges à louer avec lui le Seigneur, car il y a une intime communion entre le ciel et la terre. L'Eglise glorifiée se réjouit de nos joies et s'attriste de nos douleurs. Il y a de la joie dans le ciel, non-seulement dans le cœur du Père et du Fils, mais aussi dans le cœur des anges et de tous les bien-aimés de l'Eternel, pour tout pécheur qui se repent. Je suis persuadé qu'à cette heure, notre bienheureuse Mère se réjouit de nous savoir assemblés autour du trône de grâce. Une mère peut-elle oublier ses enfants, ne plus s'intéresser à ce qui les concerne? C'est impossible! S'il nous est commandé, à nous, chrétiens militants, de porter les fardeaux de nos frères, de pleurer avec ceux qui pleurent et de nous réjouir avec ceux qui sont dans la joie, les élus glorifiés ne le feraient-ils pas? Là-haut, auprès de leur Père céleste et de leur adorable Sauveur, les âmes rachetées n'oublient pas ceux qu'elles ont laissés dans le combat et la souffrance. L'échelle de Jacob unit toujours le ciel et la terre. Heureux ceux qui voient, par la foi, les armées célestes combattant pour eux, plus nombreuses que les légions de l'ennemi!

Pendant le chant du cantique 126 — le dernier que Mme Armengaud ait indiqué sur la terre — M. Krüger s'est arrêté sur ces paroles:

> Que de maux, de deuils, de tristesses
> Tes enfants n'ont-ils pas soufferts?

Oui, nous avons eu nos maux, nos deuils, nos tristesses, s'écria-t-il. Nous savons ce que c'est que de pleurer! Nous n'avons pas vu partir sans déchirement nos bien-aimés, « morts au Seigneur! »; mais la certitude de leur bonheur éternel, l'assurance du revoir ont été pour nous une source de réelle consolation. Avec quelle tristesse plus grande encore n'avons-nous pas vu s'éloigner du chemin de la vie les âmes qui, placées sous les précieuses influences du Saint-Esprit, avaient paru s'engager véritablement au service de Dieu! Leur défection a été pour nous un véritable deuil! Quelqu'un est-il scandalisé, que je n'en sois comme brûlé ? disait Paul. — Et cependant, ce même apôtre nous parle sans cesse de la joie pure qui remplit son cœur! C'est que ses tristesses étaient, comme celles de Dieu, les tristesses de la charité. Notre Père céleste n'est pas un Dieu impassible siégeant dans l'immuable sérénité de son ciel. S'il ignore les souffrances amères du mal, il connaît les saintes souffrances de l'amour. Qui pourrait dire ce qui s'est passé dans le cœur de Dieu, en face de la chute universelle de l'humanité! Et quel douloureux enfantement que celui de la Rédemption, fruit de la plus parfaite justice et de la plus profonde miséricorde! Le Dieu souverainement heureux n'a pas assisté en spectateur indifférent à l'agonie de son Fils en Gethsémané et au Calvaire. Les cris, les larmes, les prières, les supplications de la sainte Victime ont ému jusqu'au fond son cœur de Père. Il était réellement en Christ, participant à ses combats, à ses souffrances, comme il participa plus tard à son triomphe sur la mort!

Vous, pères et mères, qui avez vu souffrir l'enfant de votre tendre affection, vous pouvez comprendre en quelque mesure ce qu'a éprouvé le Père des pères en livrant à la mort son Fils unique. Et vous qui avez charge d'âmes et qui avez vu s'engager dans les voies de la perdition ceux que vous aviez enfantés dans les combats de la foi, vous pouvez aussi vous faire une idée de ce qu'éprouva le Fils de Dieu, en face de la trahison de Judas et du mépris des hommes pour lesquels il sacrifiait sa vie. En voyant

l'ingrate Jérusalem, Il pleura sur elle et dit : Oh !
« si tu avais reconnu au moins, en ce jour qui t'est
donné, les choses qui regardent ta paix ! mais maintenant, elles sont cachées à tes yeux. »

Ces tristesses saintes, nous les connaissons ; toute-
fois, nous disons avec le cantique :

> Nous avons une ville forte,
> La délivrance est son rempart ;
> Si Dieu nous éprouve, qu'importe !
> Des élus la sainte cohorte
> Y vit en paix sous son regard.

Nous voudrions reproduire la prière qui suivit ces
sérieuses paroles. En voici un résumé :

O notre Dieu ! enseigne-nous à prier ! Nous te bénissons
de ce que tu nous as appris à dire par Jésus-Christ : Notre
Père qui es aux cieux, que ton nom soit sanctifié, que ton
règne vienne, que ta volonté soit faite sur la terre comme
elle est faite dans les cieux. Donne-nous aujourd'hui notre
pain quotidien ! Pardonne-nous nos péchés comme nous
pardonnons à ceux qui nous ont offensés ! Ne nous laisse
point tomber dans la tentation, mais délivre-nous du malin,
car c'est à toi qu'appartiennent dans tous les siècles le
règne, la puissance et la gloire.

Père céleste ! c'est par ton Fils que tu nous as acquis le
droit d'être faits tes enfants ! Fils de Dieu ! c'est par ton
divin sacrifice, par ta mort sanglante que tu nous as rachetés à Dieu ton Père, et nous as fait participer avec toi à
l'héritage de paix, de vie et de gloire.

Divin Jésus, tu nous a aimés jusqu'à la mort, jusqu'à la
mort même de la Croix ! Tu as pris sur toi le fardeau si
lourd de nos iniquités ! Tu es mort pour nos péchés, et
ressuscité pour notre justification ! Par ta résurrection

d'entre les morts, tu as été déclaré Fils de Dieu avec puissance ; tu as mis en évidence la vie et l'immortalité ! Viens nous bénir à cette heure, ô notre Dieu ; que les âmes qui ne sont pas encore justifiées par la foi soient convaincues de péché, et s'écrient avec les trois mille : « Hommes frères, que ferons-nous ? » Que les âmes justifiées, mais pas encore sanctifiées, recherchent en toi une pleine délivrance. Crée des cœurs purs, qui aiment et pratiquent la justice. Aux cœurs droits, unis en toi dans un même sentiment, donne l'abondance de ta vie, les trésors de ton cœur. Père des miséricordes, Dieu de toute consolation ! Que ton nom soit béni pour l'œuvre accomplie parmi nous par ta fidèle servante, la Mère de nous tous. Tu as fait en elle et par elle des choses merveilleuses. Tu l'as suscitée dans un temps d'obscurité, et tu l'as soutenue dans sa lutte virile, contre la fausse orthodoxie et le vain libéralisme. Aujourd'hui, la lumière qui procède de Sion est répandue dans le monde religieux, mais la promesse de *la vie* y rencontre encore beaucoup d'opposition !

Sois béni, Seigneur, de ce que tu as soutenu et fortifié ce matin ta chère servante, dont le cœur nous a parlé avec tant d'énergie et de tendresse. Elle se sentait indigné de parler au milieu de cette assemblée ! A mon tour, je m'en sens indigne. Je te bénis cependant, ô mon Dieu, de ce que tu m'enseignes et m'enseigneras toujours mieux à rendre témoignage de la puissance de ta grâce, du bien que tu as fait à mon âme. L'affection si sincère, si profonde dont je suis l'objet, au lieu de m'enfler, m'humilie ; je te supplie de m'en rendre toujours plus digne. Pardonne, Seigneur, tout ce que tu as vu de défectueux dans mon long ministère ! Je veux consacrer parfaitement à ton service les jours que tu me donneras encore de passer ici-bas. Multiplie-les pour ta gloire, ô mon Père, et bénis de toutes tes bénédictions ceux qui m'aiment en vérité et me donnent toute leur confiance. Je te prie aussi pour ceux qui ne m'aiment pas, qui m'outragent et me persécutent. Que ceux qui sont sortis d'entre nous, parce qu'ils n'étaient pas réellement des nôtres, soient ramenés s'il est possible, humiliés et repentants, au sein du peuple qu'ils ont déshonoré. Emploie tous les moyens qui sont en ton pouvoir pour briser leur orgeuil et pour détruire les desseins coupables de leurs cœurs.

Sois, ô notre Dieu, avec les chers amis que la maladie ou d'autres raisons ont empêchés de participer à nos assemblées, mais qui par le cœur sont avec nous. Bénis particulièrement nos frères de la Suisse, dont l'amour si réel et si profond se manifeste depuis longtemps par un véritable esprit de dévouement et de sacrifice.

Sauve ton peuple, Seigneur ! bénis ton héritage, pour l'amour de Jésus, notre unique et adorable Rédempteur.

Amen !

M. Krüger a lu ensuite la lettre de convocation adressée à nos diverses Eglises, et plusieurs messages affectueux envoyés par des frères absents.

Chers amis ! a-t-il ajouté, Dieu vous aime ; Jésus-Christ vous aime ; l'Eglise glorifiée vous aime ; l'Eglise militante vous aime. Si, à votre tour, vous pouvez dire : J'aime Dieu et son Eglise ; si, à cette question que le Sauveur vous pose par ma bouche : « *M'aimes-tu ?* » vous pouvez répondre : Tu sais bien que je t'aime ; alors Jésus vous dira comme à Pierre : Pais mes agneaux, pais mes brebis !

Répondons à cet amour divin dont l'entière révélation est arrivée jusqu'à nous. Déjà sous l'ancienne alliance, à travers les ombres et les types, les patriarches et les prophètes avaient su discerner la pensée de Dieu et s'en nourrir. Ils connaissaient par expérience la justification par la foi, la purification du cœur par l'Esprit de sainteté, et l'obéissance jusqu'au sacrifice de leur vie. Quelles expressions de repentance vivante, intime, profonde ! quels accents d'amour, d'adoration, de reconnaissance ne trouvons-nous pas dans les Psaumes !

A côté de ces manifestations de la grâce, le langage de bien des hommes qui se glorifient d'être chrétiens n'est qu'un misérable balbutiement ! Non-seulement leur expérience est inférieure à celle d'Abraham, de Moïse et de David, mais elle est même éclipsée par celle de Lot.

Arrêtons-nous un instant devant cette histoire de Lot si profondément instructive. L'Ecriture appelle ce croyant « le juste Lot », parce qu'il affligeait son âme sur les abominations des Sodomites et des Gomorrhéens ; mais quelle différence entre lui et Abraham ! Il ne comprenait pas le grand privilège de vivre à côté de cet « *ami de Dieu* », qui était un père pour lui ! La pensée de s'en séparer aurait dû lui déchirer le cœur ; il aurait dû être prêt à tous les sacrifices plutôt que de consentir à cette extrémité. Non-seulement il y consent, mais il élève encore fièrement les yeux et choisit pour le lieu de sa demeure les riches plaines de Sodome et de Gomorrhe. Aussi, que lui arriva-t-il ? A l'heure du jugement qui atteignit les cités rebelles, il dut se sauver au travers du feu, n'emportant rien des biens qu'il avait acquis !

C'est ainsi qu'au sein de l'Eglise, ceux qui sont restés attachés aux biens périssables, qui se sont laissé entraîner par l'esprit de mondanité et d'indépendance, s'ils ont échappé eux-mêmes, par grâce, au feu éternel, ils ont vu brûler leur œuvre, ils ont perdu leur vie!

Lorsque Lot reçut les anges dans sa maison, il mit en évidence la réalité de sa foi en Dieu, puisque plutôt que de permettre aux méchants de leur faire du mal, il aurait livré ses propres filles ! Et cependant, sa postérité fut maudite! De lui naquirent les Hammonites et les Moabites ! C'est qu'il avait négligé la promesse d'un cœur pur !

Chers amis, vous qui êtes affermis dans la voie de la justification par la foi, laissez-vous instruire par cette histoire et, abandonnant toute résistance, imitez les hommes plus fidèles qui cheminèrent avec Dieu, quoiqu'ils n'eussent encore pour les éclairer qu'une lumière imparfaite.

Pour être rendu participant de la justice qui s'obtient par la foi, il suffit à Abel de saisir cette promesse faite en Eden : « La postérité de la femme écrasera la tête du serpent » ; promesse qui a fait la joie et l'espérance de tous les croyants de l'ancienne alliance. Elle a été admirablement développée par Esaïe. Le 53e chapitre de son livre contient en principe tout l'Evangile. Et cependant, ce n'était encore qu'une révélation obscure, comparativement à la vive lumière qui éclaire le monde depuis l'accomplissement de la prophétie.

Combien donc seront coupables ceux qui, malgré l'éclat de cette lumière, se contenteront d'une piété superficielle, d'une vie maladive , d'un amour égoïste.

Chers amis, bien des questions se posent sans doute à vos esprits dans ce moment : Pourquoi n'ai-je pas le témoignage assuré de mon adoption dans la famille de Dieu ? se demandent les uns. Pourquoi ne suis-je pas délivré des racines impures qui bourgeonnent en haut et me font tant souffrir ? se disent les autres. Pourquoi n'ai-je pas cette foi puissante qui fait passer à cheval par dessus les lieux haut élevés de la terre ? Pourquoi n'ai-je pas cet esprit de martyre qui permet de se réjouir en Dieu, au sein de la souffrance et de ne craindre ni les flammes ardentes du bûcher, ni la dent des bêtes féroces ? Pourquoi ? A qui la faute ? Y aurait-il de l'injustice en Dieu ? Prédestinerait-il les uns à la vie et les autres à la mort ? Loin de nous une telle pensée ! « Dieu a tellement aimé *le monde* qu'il a donné son Fils unique afin que *quiconque* croit en lui ne périsse point, mais qu'il ait la vie éternelle. » Puisque la vie éternelle et toutes les vertus qui en découlent sont promises à la foi, c'est l'incrédulité seule qui peut nous en priver.

J'avais à cœur de lire avec vous le magnifique chapitre XIIIe de la première épître aux Corinthiens, où l'apôtre, après avoir énuméré les différents dons accordés aux hommes, leur déclare que sans la charité, ils sont semblables à l'airain qui résonne, à la

cymbale qui retentit. Recherchons donc la charité ;
ne nous perdons pas en spéculations inutiles.

Je me demande souvent pourquoi les prophéties
renferment tant de paroles obscures et difficiles à
entendre ? C'est, je pense, pour terrasser l'homme
orgueilleux et lui apprendre à s'humilier devant
Dieu, en disant : « Ces choses sont trop grandes
et trop merveilleuses pour moi ; c'est pourquoi
je me prosternerai dans la poussière, et je me
tairai devant ta face ! » Les choses révélées sont
pour l'homme ; les choses cachées sont pour l'Eternel. Devant certains passages obscurs des Saintes
Ecritures, particulièrement de l'Apocalypse, notre
mère s'écriait : « Quoique je ne les comprenne pas
parfaitement, j'y découvre cependant l'amour et la
justice de mon Dieu ; l'éternelle félicité des justes,
l'éternel malheur des réprouvés. »

Chers amis, que la charité de Christ vous
presse ! « Celui qui a mes commandements et qui les
garde, a-t-il dit, c'est celui-là qui m'aime, et celui
qui m'aime sera aimé de mon Père, et nous viendrons à lui et nous ferons notre demeure chez lui ! »
Que ceux d'entre vous dont l'amour filial et fraternel est pur, permanent, sans hypocrisie, recherchent
avec ardeur *la charité*, celle dont Christ nous a
aimés, quand nous étions insensés, désobéissants,
égarés, assujettis à toutes sortes de passions et de
voluptés, dignes d'être haïs et nous haïssant les uns
les autres.

C'est à l'amour parfait qui les anime qu'on reconnaît les vrais disciples du divin Crucifié. Cet amour, comme je vous le disais ce matin, est, étranger à tout faux jugement. On se rend bien coupable lorsqu'on prend occasion d'un défaut de caractère, d'un manque de sagesse, d'une action trop lente ou trop précipitée, voire même d'une chute, pour con-condamner ceux dont la vie est consacrée à Dieu. Les plus fidèles ont toujours besoin de pardon et se plongent sans cesse dans l'océan des miséricordes éternelles. Notre bien-aimée Mme Armengaud a été pour nous, en cela, comme en tout, un précieux modèle. Je sais combien elle m'était supérieure ; mais je sais aussi par son propre témoignage qu'elle demandait pardon à Dieu aussi souvent qu'elle res-pirait. Et ce n'était pas *par précaution*, mais parce qu'elle croyait à la nécessité de l'aspersion du sang de Christ, même sur nos œuvres les meilleures. C'est en cela que consiste la grande différence entre le Fils de Dieu, perfection absolue, et l'Eglise sanc-tifiée, dont la perfection n'est entière qu'à condition de ne jamais négliger de dire : « Pardonne-nous nos péchés, comme nous pardonnons à ceux qui nous ont offensés. »

Si notre chère Mère a manqué parfois de discer-nement, de prudence, de vigilance, elle n'a jamais péché par manque d'amour ou d'humilité. C'est le témoignage exprimé par l'apôtre Jean : « Quicon-que est né de Dieu ne *peut pécher*, parce qu'il est né de Dieu. » Quoique Mme Armengaud ne connût personne d'une foi supérieure à la sienne, et malgré la mission particulière qui lui était confiée, elle se plaisait à penser qu'il pouvait y avoir sur la terre des âmes plus fidèles qu'elle ne l'était elle-même ; âmes obscures et cachées, mais connues de Dieu, avec lesquelles, dans les cieux, elle jetterait sa couronne aux pieds du Rédempteur. Nous bénissons sa mémoire, nous admirons l'œuvre sainte accomplie en elle et par son ministère. ; mais nous n'oublions pas qu'elle était comme nous une pécheresse, sauvée par grâce, tirée du puits bruyant et fangeux, sujette aux mêmes infirmités. C'est par la foi, qu'elle s'est élevée jusque dans les lieux célestes, d'où elle nous disait comme autrefois l'apôtre Paul aux Corinthiens : « Toutes choses sont à vous. Les dons et les vocations diffèrent, mais la vie cachée avec Christ en Dieu, est offerte à tous gratuitement ; acceptez-la comme moi et, comme moi, vous en deviendrez participants. »

Nous avons cru ces choses, chers amis ; nous les avons vues et embrassées par la foi ; aussi avons-nous été jugés dignes de continuer l'œuvre de notre Mère. Nous avons traité entre nous une ferme alliance, sur le sacrifice rédempteur, et il nous est donné de paître les héritages du Seigneur, non comme ayant domination sur eux, mais en nous rendant les modèles du troupeau. Nous avons semé l'amour, et si nous avons parfois recueilli l'ingratitude, nous avons aussi moissonné l'amour. Notre Eglise a, sans doute, de nombreux sujets de tristesse ; mais les sujets d'actions de grâces abondent aussi pour elle. Les pasteurs aiment les troupeaux, et les troupeaux aiment leurs pasteurs. Pour moi, je l'ai déjà dit, je suis humilié et confondu par l'affection si tendre, si réelle, si profonde, que plusieurs d'entre vous me témoignent. Je n'en suis pas enflé, mais je veux m'en rendre encore plus digne.

Et vous, chers amis, déjà unis dans le Seigneur, traitez une plus ferme et plus étroite alliance, afin de continuer notre œuvre quand l'heure de disparaître sonnera pour nous. Soyez le sel de la terre et la lumière du monde. Portez avec abondance tous les fruits de l'Esprit. Croyez au Père dont l'amour vous a donné le Fils. Croyez au Fils qui s'est donné Lui-même pour l'humanité déchue. Croyez à l'Esprit du Père et du Fils qui nous régénère et nous conduit en toute vérité. Prosternons-nous tous ensemble devant Celui qui nous a sauvés, et adorons-le avec les anges, qui, perdus comme nous, comme nous ont été rachetés ! Oh ! quel mystère que celui de la chute universelle ! Quel mystère que celui de la Rédemption ! Mystère annoncé à l'aurore du monde, au lendemain de la chute en Eden : « La postérité de la femme écrasera la tête du serpent ».

Ce triomphe de la postérité de la femme sur le serpent est maintenant un fait accompli. Jésus, le fils de Marie, a détruit par sa mort celui qui avait l'empire de la mort, c'est-à-dire le diable. En nous unissant par la foi à ce divin vainqueur, nous remportons à notre tour la victoire sur la mort, nous sommes rendus participants de la nature divine, de l'amour parfait qui bannit toute crainte ; et avec le cantique nous disons sans cesse :

> Amour céleste, je t'adore,
> Mon esprit a vu ta grandeur ;
> Je te connais, mais viens encore
> Régner en Maître sur mon cœur.

Mes bien-aimés, l'empressement que vous avez mis à répondre, en grand nombre, à notre invitation nous a fort réjouis ; nous sommes persuadés que vous ne vous en retournerez pas à vide, et que votre présence sera un encouragement pour les chères âmes encore inconverties qui nous écoutent. Elles croiront mieux à la réalité de la piété, par le témoignage d'un plus grand nombre. Seulement, que votre témoignage soit complet ! Selon le vœu exprimé dans ma lettre de convocation, que tout interdit soit découvert et détruit ! que le vieil homme avec ses passions et ses convoitises soit entièrement dépouillé ; que tous les cœurs soient circoncis, afin qu'il n'y ait plus parmi nous de piété faible et languissante. Que la Parole de Dieu soit la lampe de vos pieds et la lumière de vos sentiers. Dites à Dieu : Tu m'as attiré, et tu m'as saisi ; tu as été le plus fort, tu as prévalu.

Vous, chers amis, déjà purifiés en obéissant à la vérité par l'Esprit, souvenez-vous du grand appel qui a souvent retenti au fond de votre âme : « *Ecoute, fille, et considère, oublie ton peuple et la maison de ton père, et le roi mettra son affection en ta beauté.*

Puisqu'il est ton Seigneur, prosterne-toi à ses pieds et tu auras une postérité qui procède de Lui ».

Que le Dieu Tout-Puissant réalise tous les vœux de son Esprit et accomplisse ainsi le bon plaisir de sa volonté !

> Ainsi nous te prions du couchant à l'aurore.
> Ton peuple devant toi fait monter ce soupir,
> Tu nous a entendus : l'Eglise qui t'implore
> Peut attendre sans crainte un meilleur avenir.

La réunion de prières du soir, commencée par M. Ernest Krüger fut continuée par MM. Nissolle père, Henri Krüger, Kellermann, A. Granade et Calvayrac.

LUNDI 21 OCTOBRE

Neuf heures et demie du matin : Réunion de prières commencée par Mme Ernest Kruger, continuée par Mme Runel, M. et Mme Néhémie Granade, Mlles Jémima Kellermann et Evodie Mourier, MM. A. Runel et Daniel Fabre.

Réunion de 4 heures

Lecture des Psaumes 114-116 par M. Edouard Krüger. Réflexions sérieuses sur le verset 9e du 116 : « Je marcherai en la présence de l'Eternel dans la terre des vivants ». Voilà le langage que nous aimons à entendre. Dire simplement : « *Je voudrais, je désirerais* », c'est s'exposer à ne jamais parvenir à la délivrance. Vouloir et agir, en comptant sur Dieu, voilà ce qui assure l'exécution. *Je marcherai* en la présence de l'Eternel dans la terre des vivants, c'est-à-dire avec tous les fidèles ; avec les deux ou trois assemblés au nom du Seigneur, les cent vingt de la chambre-haute, les trois mille baptisés du Saint Esprit, les cent quarante-quatre mille qui suivent l'Agneau quelque part qu'il aille, et toute la multitude des rachetés.

Notre petite Eglise est elle-même une terre des vivants, puisqu'elle compte de vrais adorateurs du

Dieu vivant, et fait partie de la grande Eglise universelle dont les membres répandus sur la terre, élèvent sans cesse vers le Ciel des mains pures, sans colère et sans contestation, soupirant après l'établissement du règne de la justice.

Madame Armengaud a écrit qu'elle avait pour mission de rassembler les cœurs droits ; c'est-à-dire que les hommes droits qui auraient occasion de la rencontrer et de l'entendre se sentiraient unis à elle dans une même foi C'est le témoignage des Envoyés de Dieu de tous les temps. « Vous m'avez reçu comme un ange, comme Jésus-Christ même, écrivait Paul aux Galates ; et il les blâme de n'avoir pas persévéré dans ce sentiment pur. Au grand jour des rétributions, ceux qui en auront amené plusieurs à la justice s'écrieront, dans un sentiment de profonde humilité : « *D'où me viennent ceux-ci ?* »

C'est aux prières de la foi, aux soupirs du Saint-Esprit que sont dûs les réveils qui réjouissent les anges dans le Ciel, tandis que la gloire de ces réveils est souvent attribuée sur la terre aux hommes de lumière qui, par la connaissance de la lettre, travaillent avec une fiévreuse activité. Le royaume des cieux ne consiste pas en paroles, mais en vertu !

Que de chrétiens obscurs qui prient humblement, en silence, mais avec ferveur, pour que la parole de leurs pasteurs soit rendue efficace, et ces prières sont exaucées.

Chers amis, soyez tous de ces âmes qui *prient*, et vous participerez à la gloire éternelle avec vos pasteurs qui depuis longtemps, sont des hommes de prière. Mme Armengaud avait pris au sérieux cette recommandation de l'apôtre : « Que personne ne mette sa gloire dans les hommes. » Jalouse de la gloire de Dieu, elle ne voulait pas que ses disciples s'arrêtassent à elle. Elle se réjouissait sans doute de leur affection, mais c'était pour le fruit qui devait leur en revenir, et non pour sa propre satisfaction. Son but constant et suprême était de conduire les âmes au Sauveur.

En 1880, lors de sa grave maladie, elle reçut de l'une de nos meilleures amies une lettre pleine d'une affectueuse tristesse. Au lieu de s'en réjouir, notre Mère s'indigna et dit : Vous attendrez-vous donc toujours à moi ? Quand croirez-vous en vérité en Celui de qui procèdent toute grâce excellente et tout don parfait ? Et dix ans plus tard, la Servante du Seigneur, au moment de quitter la terre, consolait les amies qui l'entouraient, en leur rappelant les paroles du Sauveur adressées à ses disciples : « Si vous m'aimiez vous vous réjouiriez de ce que je vous ai dit : Je m'en vais à mon Père, car mon Père est plus grand que moi. Il vous est avantageux que je m'en aille. »

Après elle, nous vous disons aussi, mes bien-aimés : Votre affection nous est précieuse et nous humilie ; mais cherchez en Dieu votre force, mettez en Lui toute votre gloire.

Après le chant du cantique 208 et la prière, M.

Krüger adressa aux jeunes filles présentes un sérieux
appel à la modestie, les engageant à lire les exhortations de l'apôtre Pierre à ce sujet. Dans les premiers jours de notre Eglise, dit-il, les règles de la
simplicité étaient mieux observées. Aujourd'hui, la
mondanité en entraîne plusieurs. La pente est
glissante, je le sais ; mais je vous supplie de ne pas
vous y laisser engager ; si vous l'avez déjà fait,
retournez-vous promptement vers les témoignages
de l'Eternel, afin « que votre parure soit toujours
celle d'un esprit doux et paisible qui est d'un grand
prix devant Dieu. »

Notre pasteur lut ensuite une partie de la biographie de Mme Armengaud dont il a comparé l'expérience à celle de Marie, mère de Jésus, que tous les
âges disent bienheureuse ! Le sublime cantique de
cette sainte femme était celui de notre Mère, pour
laquelle aussi le Tout-Puissant a fait de grandes
choses. Elle affirmait que, depuis sa conversion, sa
communion avec Dieu n'avait pas été interrompue.
Ce témoignage a été pour plusieurs une pierre
d'achoppement ; ils ont prétendu que Mme Armengaud croyait n'avoir commis aucun péché depuis lors
et n'avoir plus senti, par conséquent, le besoin du
pardon de Dieu. Ce sentiment lui était complète-
ment étranger.

Elle prononçait au contraire avec une onction
toujours nouvelle, ces paroles de l'Oraison domini-
cale : « Pardonne-nous, comme nous pardonnons » ;

car la prière sacerdotale avait été réalisée en sa faveur. Elle savait que la grâce qui, en nous sanctifiant, nous constitue *enfants de Dieu, frères de Jésus-Christ,* n'est pas la perfection absolue.

Que de fois n'ai-je pas été consolé, fortifié, encouragé moi-même, en disant à mon Père céleste : « Pardonne-moi mes péchés, *comme je pardonne* » ; car ma conscience me rend le témoignage qu'il n'y a en moi à l'égard de ceux qui m'ont offensé qu'un seul désir, c'est qu'ils se repentent et soient sauvés.

L'apôtre Paul, à la fin de sa course, après avoir combattu le bon combat et gardé la foi, s'écriait dans un élan d'humiliation profonde : « Le Seigneur me délivrera de toute œuvre mauvaise et me sauvera dans son royaume céleste ». C'est ainsi que les enfants de Dieu, même les plus fidèles, voient toujours approcher avec un saint tremblement le moment de comparaître devant le Saint des saints.

Lorsque M. Armengaud, en 1892, était sur son lit de mort, une sœur dévouée qui l'entourait de ses soins affectueux lui dit : « Vous serez bientôt auprès de notre Dieu et de celle qui était pour vous plus qu'une épouse ! » Il répondit avec sérieux : « Ce n'est pas peu de chose que de se présenter devant Dieu ! Ce n'est pas peu de chose non plus que d'aller rejoindre notre mère bien-aimée ».

Madame Armengaud elle-même, qui avait si bien compris les saintes exigences de l'époux céleste et l'avait servi avec l'amour pur d'une fille dévouée, d'une épouse fidèle, ne vit certainement pas arriver l'heure suprême, sans éprouver le besoin d'avoir part comme tout de nouveau à l'aspersion du sang de Christ.

M. Kruger rappela en terminant tout le bien qu'ont fait les cultes de famille institués par Mme Armengaud. Il est beau, nous dit-il, de voir une famille où tous les membres, parents, enfants et serviteurs, dressent journellement un autel à leur Dieu et s'approchent de lui pour lui exposer leurs besoins avec une filiale confiance.

C'est avec peine, nous dit notre pasteur, que je vois des familles chrétiennes privées de serviteurs pieux. Que ceux qui sont dans ce cas sondent leurs voies et se demandent s'il n'y aurait pas quelque lacune dans leur foi, qui empêcherait Dieu d'exaucer leurs vœux à cet égard.

Mes bien-aimés, que Dieu règne vraiment dans vos cœurs et dans vos familles ! Recherchez avec plus d'ardeur les biens spirituels que la prospérité matérielle.

L'assemblée s'est retirée, humiliée et encouragée, après avoir chanté le premier verset du cantique 205 :

> Adorable Sauveur, je ne suis plus à moi.
> Pour jamais dès ce jour, je m'abandonne à toi.
> A toi qui me créas, à toi qui m'as sauvé,
> Qui d'Esprit et de feu m'as enfin baptisé.

Culte du Soir

Ce culte a été présidé par M. le pasteur Ernest Kruger. Après la lecture du chap. 59 d'Esaïe et le chant du cantique 98e, il a invoqué la bénédiction de Dieu sur l'assemblée en ces termes :

Seigneur, fais pénétrer dans nos cœurs cette sublime pensée que les cieux et leur splendeur ne valent pas pour ta gloire, un seul soupir d'un seul cœur. Pour créer les mondes, il a suffi d'un mot de ta bouche ; mais pour sauver l'humanité rebelle, il a fallu que tu t'immoles toi-même ; car c'était pour ton cœur de Père une véritable immolation que de livrer à la mort le Fils de ton amour. Tu étais vraiment en lui, réconciliant le monde avec toi-même. Seigneur, qu'un tel amour brise les cœurs encore rebelles ; que ceux qui jusqu'à ce jour ont cloché des deux côtés, réfléchissent enfin sérieusement et te choisissent pour leur portion. Bénis ceux qui se sont déjà engagés avec Toi par une ferme alliance. Nous sommes tous assemblés à cette heure, au pied du trône de ta miséricorde ; accorde à chacun la grâce qui lui est propre. Pardonne tout ce que tu as à pardonner. Plonge-nous tous ensemble dans l'océan de tes compassions éternelles. Seigneur, tu as dit à l'égard de ton peuple d'Israël : Qu'y avait-il à faire à ma vigne que je ne lui aie fait ? Pourquoi, quand j'espérais qu'elle produirait des raisins, a-t-elle produit des grappes sauvages. Qu'aucun de nous ne mérite une telle accusation ; et ne te prive du fruit que tu es en droit d'attendre de lui. Tu as accompli seul l'œuvre de nôtre Rédemption, seul tu as foulé au pressoir, nul ne t'a soutenu dans ta sanglante agonie. Apprends-nous à répondre à tant d'amour par une consécration de notre être tout entier à ton service. Nous te bénissons pour le bien que tu nous as fait dès le commencement de ces assemblées. Tu as dépassé notre attente ; continue à nous être favorable afin que chacun puisse dire en vérité : Il m'a été bon de me réunir avec mes frères. Il en sera certainement ainsi par ta grâce toute gratuite. Que ce rassemblement solennel soit pour tous le point de départ d'un réveil nouveau, profond et durable. Nous te le demandons, ô notre Dieu, au nom de Jésus ton Fils unique, notre adorable Sauveur. Amen !

M. Ernest Krüger a lu ensuite le premier chapitre de l'Evangile de Luc.

Mes chers amis, a-t-il dit, l'expérience de la mère de Jésus racontée dans ce chapitre a beaucoup de rapports avec celle de notre chère mère : l'une et l'autre ont été admirables par la perfection de leur humilité et de leur obéissance. Elles ont été nazaréennes dès le sein de leur mère ; c'est-à-dire qu'avant de venir sur la terre, elles avaient accepté le salut dans les lieux célestes et avaient fait vœu d'accomplir toujours la volonté de Dieu.

Tels ont été Abel, Abraham, Joseph, Daniel, Jean-Baptiste. Ce dernier tressaillit même de joie dans le sein de sa mère, à l'approche de Marie et du divin trésor qu'elle recélait dans son sein ; non qu'il se rendît compte du mystère de grâce et d'amour qui se préparait, mais il subissait à son insu l'action puissante du Saint-Esprit! Comment douter en face d'un tel exemple, du travail de la grâce dans les âmes, indépendamment de toute connaissance littérale ?

S'il y a des nazaréens de Dieu qui n'opposent ici-bas aucune résistance à sa voix, il y a aussi les Caïns, qui ne manifestent jamais aucune repentance, aucun désir sincère de retour au Dieu qu'ils ont offensé.

Entre ces deux états diamétralement opposés, se trouve la multitude des hommes appelés à faire leur choix entre la vie et la mort, la bénédiction et la malédiction.

Comme je viens de le dire, Mme Armengaud s'est toujours montrée humble et soumise devant Dieu. Accepter la vérité révélée ne lui occasionna jamais la moindre souffrance ; mais quand elle se sentit appelée à accomplir au sein de l'Eglise chrétienne une véritable œuvre de restauration, elle dit avec humilité : « Comment cela pourra-t-il se faire » ? « Rien n'est impossible à Dieu », lui fut-il répondu. Elle crut et dit : « Voici la Servante du Seigneur, qu'il ne soit fait selon ta parole ! » C'est pourquoi comme Marie et, malgré les apparences contraires, tous les âges l'appelleront bienheureuse.

En face d'un appel extraordinaire, d'un miracle à accomplir, il est facile d'éprouver un mouvement d'incrédulité. C'est ce qui arriva au sacrificateur Zacharie, homme juste devant Dieu, qui observait tous les commandements et toutes les ordonnances du Seigneur, d'une manière irrépréhensible. Lui qui avait demandé avec ardeur et persévérance une postérité, croyant fermement à l'exaucement de la prière du juste, fut cependant troublé à la vue de l'ange qui lui promettait un fils. Un doute fugitif traversa son cœur et attira sur lui un douloureux châtiment. « Puisque tu n'as pas cru à mes paroles, lui dit l'ange, tu seras muet jusqu'à leur accomplissement. » Cependant Zacharie ne se découragea pas, il s'humilia, et lorsque dans son abaissement sa condamnation fut ôtée, il prononça un des plus admirables cantiques.

Si les élus de Dieu ne naissent pas tous nazaréens, tous sont appelés à faire vœu de nazaréat. Quelques-uns arrivent à ce glorieux état après de longues années de sommeil et d'infidélité. Tels furent Marie de Magdala qui, après avoir été délivrée de sept démons, suivit Jésus et l'assista de ses biens ; le brigand repentant dont la foi obtint la promesse d'être avec Jésus dans le Paradis ; Saul de Tarse qui, de violent persécuteur de l'Eglise de Christ, devint l'un de ses plus vaillants défenseurs, sans jamais oublier le bourbier duquel il avait été tiré. La puissance apostolique dont il fut revêtu ne lui voila pas la profondeur de son indignité. « Je ne suis pas digne d'être appelé apôtre, car j'ai persécuté l'Eglise ». « Cette parole est certaine et doit être reçue avec une entière croyance ; c'est que Jésus-Christ est venu au monde pour sauver les pécheurs dont je suis le *premier* ! »

Que l'Esprit qui humilia et releva ces grands pécheurs nous pénètre aussi profondément ! Laissons aux envoyés de Dieu la liberté de nous instruire et de nous reprendre.

Je pense toujours avec bénédiction à la prière d'une de nos anciennes amies : « Seigneur, disait-elle, apprends à ma conductrice de classe à bien me connaître, afin qu'elle puisse me reprendre ! » Il vaut certes mieux mériter l'approbation que des reproches ; mais la répréhension est salutaire au cœur droit. « Une langue qui corrige est comme l'arbre de vie. »

La répréhension du juste est comme une épée à deux tranchants, pénétrant jusqu'au fond de l'âme et de l'esprit, des jointures et des moëlles ; elle donne la mort à la vieille nature. Les Hébreux convertis, auxquels l'Apôtre adressa sa sublime épître, ne connaissaient pas encore cette mort complète, quoiqu'ils eussent compati aux liens des Saints et souffert avec joie l'enlèvement de leurs biens. De là, les sérieux conseils qui leur sont donnés.

Plusieurs d'entre vous, chers amis, doivent considérer ces exhortations comme leur étant adressées à eux-mêmes et s'efforcer d'entrer dans le repos qui reste pour le peuple de Dieu, repos exprimé dans ce témoignage : *Ce n'est plus moi qui vis, c'est Christ qui vit en moi.* »

Les clous qui ont percé notre bien-aimé Sauveur doivent nous percer aussi, de sorte que notre sang impur s'échappe jusqu'à la dernière goutte et que, ressuscités avec Christ, nous marchions en nouveauté de vie. Saisissez par la foi cette œuvre merveilleuse et dites : Je suivrai la nuée des témoins fidèles, les yeux fixés sur Jésus, Chef et consommateur de la foi.

Nous sommes ici plus nombreux que les cent vingt de la Chambre-Haute. Qu'un accord parfait se produise entre nous dans la prière, et nous verrons de grandes choses. Que la sagesse de Dieu, infiniment diverse, soit manifestée parmi nous, aux principautés et aux puissances dans les lieux célestes, parmi lesquelles notre Mère brille comme une étoile, à toujours et à perpétuité! Amen.

L'Assemblée a chanté le dernier verset du cantique 118 :

> Le soleil d'un printemps sans fin
> Se lève à l'âme qui t'adresse,
> Des pieds de son Ami divin,
> Le cri touchant de sa détresse.
> Ta puissance y vient rallumer
> Un feu qui rajeunit son être ;
> Et ta grâce lui fait connaître
> Qu'il est facile de t'aimer.

MARDI 22 OCTOBRE

9 heures 1/2, réunion de prières, commencée par Mme Kellermann, continuée par Mme Grégoire, M. et Mme Crespin.

Culte de 4 heures

Présidence de M. Edouard Krüger.

L'un de nos éphémérides bibliques indiquait pour ces derniers jours des textes applicables à l'expérience de notre Mère bien-aimée :

« Quiconque aura donné à boire seulement un verre d'eau froide à un de ses petits, parce qu'il est mon disciple, je vous dis en vérité qu'il ne perdra pas sa récompense. » (Matth. x, 42).

« Venez à moi, vous tous qui êtes travaillés et chargés et je vous soulagerai. Chargez-vous de mon joug et apprenez de moi que je suis doux et humble de cœur et vous trouverez le repos de vos âmes, car mon joug est aisé et mon fardeau léger. » (Matthieu, xi, 28-30.)

Donner un verre d'eau froide est une œuvre facile, mais le donner à un disciple de Christ, *parce qu'il est disciple de Christ*, c'est plus difficile ; car pour cela, il faut aimer Christ et savoir discerner ses serviteurs. C'est ce qu'a fait Mme Armengaud dès sa plus tendre enfance. Rien ne la réjouissait autant que d'entendre parler du Sauveur, et elle avait le plus grand respect pour les Serviteurs de Dieu. Si elle avait possédé des biens de ce monde, elle n'aurait pas hésité à consacrer sa fortune aux bonnes œuvres. Ces dispositions étaient un fruit du nazaréat dont il nous a été parlé hier soir. Déjà, dans les lieux célestes, elle avait répondu à cet appel du Sauveur : « Venez à moi.» ! Elle avait déposé à ses pieds le lourd fardeau du péché de fierté dont elle s'était rendue coupable avec toute l'humanité, et humiliée sous la puissante main de Dieu, pardonnée, elle avait fait vœu d'obéir à Celui qui est doux et humble de cœur. Et c'est ce qu'elle a fait sur la terre, même avant d'avoir reçu le don puissant du Saint-Esprit, qui lui donna l'intelligence des Saintes-Ecritures et la conduisit en toute sagesse et en toute vérité. Les fardeaux qu'elle eut alors à porter furent nombreux et pesants. Quelle opposition ne rencontre-t-elle pas dans le monde, au sein de sa propre famille et des églises elles-mêmes! Avec quelle hypocrisie ses discours et ses pensées n'étaient-ils pas dénaturés. Mais le Dieu qu'elle invoquait sans cesse la soutenait, l'encourageait, la consolait, parce que, comme Daniel, elle lui était agréable. Elle portait aussi vaillamment les fardeaux qui lui étaient imposés par son ardente charité. Avec l'Apôtre, elle disait : « Outre les choses du dehors, je suis comme assiégée tous les jours par les soucis que me donnent les églises.». Et ce n'étaient pas seulement les questions spirituelles qui la préoccupaient ; c'était aussi ce qui se rapportait à la terre. Son cœur visitait journellement, de loin comme de près, chacune de nos familles. Tout l'intéressait : mariages, naissances, maladies, entreprises commerciales, voyages, etc. Aussi passait-elle souvent des nuits sans sommeil, veillant et priant pour ses chers enfants. Une vie si active, si fortement en butte à la contradiction, semblait exclure toute idée de repos ! Et cependant, Mme Armengaud connaissait d'une manière permanente le repos qui reste ici-bas pour le peuple de Dieu, car tout son travail était le fruit du Saint-Esprit, duquel procèdent justice, paix et joie — Suivons ses traces, mes bien-aimés, en nous revêtant *du Seigneur Jésus-Christ.*

Cette dernière parole, que j'expliquai il y a longtemps à une chrétienne de Nimes, produisit sur elle une telle impression qu'elle s'écria : « Je n'aurai jamais d'autre pasteur que vous ! Il me paraissait jusqu'ici que vous prêchiez en quelque sorte le salut par les œuvres ; je comprends maintenant jusqu'à quel point vous avez saisi l'entière gratuité du salut ! »

Cette décision ne fut pas de longue durée. Il suffit pour l'ébranler et la transformer en hostilité, d'une simple invitation à de plus réels sacrifices en faveur de l'œuvre qu'elle croyait tant aimer.

C'est ainsi que bien des âmes s'arrêtent dans leur

développement spirituel, ou même abandonnent les voies de la piété, quand elles sont mises en face de renoncements qui leur déplaisent. Si elles ne périssent pas, leur œuvre brûle ; elles échappent elles-mêmes à la condamnation, en passant par un grand dépouillement, de l'autre côté de la tombe !

La mort elle-même ne nous transforme pas. C'est l'œuvre de la grâce qui, commencée ici-bas, se continue dans le siècle à venir. Jésus, après avoir remis sur la croix son esprit entre les mains du Père, est allé annoncer l'Evangile aux morts, « retenus en prison », à cause de leur désobéissance. Cette même œuvre, il la réalise maintenant par ses serviteurs glorifiés qui, sur la terre, « ont été baptisés pour les morts ».

Jésus nous a révélé par la parabole d'Abraham et du mauvais riche, qu'un juste peut avoir dans l'autre monde, un entretien sévère avec un pécheur endurci. Ne peut-on pas en conclure que ce même juste peut-être appelé à accomplir une œuvre de réconciliation auprès des âmes susceptibles d'être sanctifiées par l'éclat de la vérité, qu'elles aient ou non posé le fondement du salut avant de quitter la terre ? S'il nous est dit qu'il y a des péchés qui ne peuvent être pardonnés *ni dans ce siècle, ni dans le siècle à venir*, c'est que d'autres peuvent l'être. Cette croyance est pour nous d'un grand prix ; elle nous console lorsque nous pensons à la multitude des hommes qui meurent sans avoir été mis en contact avec la vérité, ou qui, l'ayant connue, ne lui ont obéi qu'en partie, absorbés qu'ils étaient par les soucis de la vie et la tromperie des richesses.

Notre bien-aimé Sauveur disait : « *Mon Père agit jusqu'à maintenant, j'agis aussi ;* » et les apôtres : « *Nous sommes ouvriers avec Dieu.* » Cette sainte activité de l'amour qui n'a point eu de commencement, n'aura point de fin. Dieu, son Fils bien-aimé, l'Eglise glorifiée, l'Eglise militante travaillent dans une communion mutuelle, toujours plus vivante et profonde. Jésus-Christ jouit dans les cieux du travail que son âme divine a accompli sur la terre ; mais il en jouit sans cesser de travailler à notre salut puisqu'il « prie pour nous » ! Les saints glorifiés participent à sa gloire et à son œuvre d'amour.

Il me semble parfois voir notre mère bien-aimée confondant ceux qui lui firent une injuste guerre, comme Abraham confondit le mauvais riche ; et adressant de nouveaux et puissants appels à la repentance à ceux de ses enfants qui l'ont souvent affligée par leur sommeil devant la loi de l'Esprit de vie qui est en Jésus-Christ.

Ne pensez pas, chers amis, que pour être sanctifiée, il suffise à l'âme d'être délivrée de sa tente d'argile. De l'autre côté de la tombe, si elle ne l'a pas fait de ce côté-ci, il faut qu'instruite et reprise, elle s'humilie sous la puissante main de Dieu qui seul peut faire grâce, pardonner et purifier.

Nous touchons là à de bien grands mystères ; mais ce sont des mystères révélés dans les Saintes-

Ecritures, et qui nous seront plus clairement expliqués lorsque nous serons en présence de notre Dieu. En lui, il y a des hauteurs et des profondeurs d'amour, de sagesse, de justice et de puissance que nous n'aurons jamais achevé de sonder.

Dans l'ordre scientifique, les demi-savants croient facilement tout savoir, tandis que les hommes vraiment instruits sont toujours plus pénétrés de leur profonde ignorance. Il en est de même dans l'ordre religieux. Les plus grands apôtres, si bien instruits de la pensée de Christ, disaient cependant : « Nous ne connaissons qu'imparfaitement; » tandis que les chrétiens superficiels se glorifient de leurs lumières, alors qu'ils n'ont encore rien connu comme il faut.

Ce qui a fait la valeur des premiers disciples du Christ, à l'exception de Judas, c'est leur amour de l'instruction et de la répréhension. Les reproches les plus sévères, même ceux dont ils ne comprenaient pas immédiatement la portée, ne les scandalisaient pas, n'affaiblissaient pas leur attachement au Maître ; ils resserraient plutôt les liens qui les unissaient à lui. Pierre s'inclina lorsque Jésus le tança rudement, parce qu'il ne comprenait pas encore bien le grand mystère de la Rédemption : « Retire-toi de moi, Satan, lui dit-il, tu m'es en scandale, car tu ne comprends pas les choses de Dieu, mais seulement celles des hommes. » Appeler *Satan* un homme qui, après avoir senti le poids de ses péchés et reçu le baptême de Jean, avait tout quitté pour le suivre ; lui dire qu'il ne comprenait pas les choses de Dieu, après lui avoir rendu ce témoignage : « Tu es heureux, Simon, fils de Jonas, car ce n'est pas la chair et le sang qui t'ont révélé que je suis le Christ, le Fils du Dieu vivant, c'est mon Père qui est dans les cieux », était-ce juste ? Oui, et Pierre le comprit plus tard. Il crut à la gravité de la chute de l'humanité, et à la nécessité du sacrifice expiatoire que Jésus seul pouvait accomplir, puisque seul il ne connut jamais le péché ; et il s'unit étroitement à ce divin Crucifié.

Et que dire des disciples rencontrés par Jésus, après sa résurrection, sur le chemin d'Emmaüs ? Leur cœur est rempli de tristesse à cause de la mort de leur Maître ; et, pour toute consolation, ils reçoivent ce sévère reproche : « Gens sans intelligence, et d'un cœur lent à croire tout ce que les prophètes ont dit » ! Gens sans intelligence ! et ils ne sont préoccupés que du divin Crucifié ! Gens d'un cœur lent à croire ce que les prophètes ont dit ! et ils ont aimé et suivi fidèlement Celui qui n'avait pas un lieu où reposer sa tête ! Gens sans intelligence ! et leur cœur brûle d'amour pour cet inconnu qui leur parle avec une si grande autorité ! Jésus continue à leur expliquer avec soin ce qui le concerne dans les Ecritures, et il se révèle pleinement à eux lorsqu'il rompt le pain, *après avoir rendu grâces !*

Quel exemple de reconnaissance et d'humilité notre Sauveur nous donne dans cette circonstance ! Comme Lui, rendons sans cesse grâces à Dieu, nous souvenant qu'un simple verre d'eau froide est un don gratuit. Avec le Psalmiste, disons sans cesse : « Mon âme, bénis l'Eternel et n'oublie *pas un* de ses bienfaits. »

Mes amis, quels sont parmi nous ceux qui comprennent le mystère de la Croix mieux que Pierre et les disciples d'Emmaüs ? Nous pouvons avoir plus de lumière, mais ne nous glorifions pas de cette lumière, tant qu'elle n'est pas vie en nous ! La doctrine du pur Evangile est parvenue jusqu'à nous, mais gardons-nous d'imiter les Israélites endormis, et de dire fièrement avec eux : « Le temple de l'Eternel ! le temple de l'Eternel ! » Ce n'est pas ce que nous professons qui nous sauve, c'est ce que nous pratiquons ! Ayons tous à cœur de rendre honorables les principes qui sont à la base même de notre Eglise, principes de vraie solidarité, de fraternelle communauté. L'égoïsme, l'amour de l'indépendance, l'avarice, doivent être bannis du milieu de nous ; la charité seule doit y régner. S'il n'est pas toujours possible aux enfants de Dieu qui habitent la même ville, de montrer au monde qu'ils forment une seule famille en demeurant sous le même toit, en ayant des intérêts communs, ils doivent toujours prouver qu'ils se plaisent dans la voie des sacrifices. Si, à la lettre, ils ne sont pas tous appelés à vendre leurs possessions en faveur des pauvres, ils doivent être toujours prêts à répondre à un tel appel, s'il leur est adressé. Ils ne doivent jamais oublier que « l'amour des richesses est la racine de tous les maux. »

Pour moi, mes bien-aimés, j'ai le ferme témoignage que si une somme de quelque importance m'était donnée, je ne la considérerais pas un instant comme m'appartenant en propre ; je dirais à mon Dieu : « Elle est à toi et à ton œuvre, montre-moi comment je dois l'employer. » Et je bénis Dieu de ce que plusieurs d'entre vous ont les mêmes sentiments. A l'exemple des premiers chrétiens, nous ne formons ensemble qu'un cœur et qu'une âme ; les joies et les tristesses des uns sont celles de tous.

Je voudrais, mes bien-aimés, qu'il me fût possible de répandre en tous lieux le glorieux Evangile dont la connaissance produit de tels résultats. Malgré mon âge avancé, je ne me laisserais arrêter par aucune difficulté. J'irais volontiers de ville en ville, de village en village, car je suis persuadé que bien des portes me seraient ouvertes ; mais je suis retenu, lié par mille devoirs spirituels et matériels, par de nombreux travaux d'administration auxquels je ne puis me soustraire. J'en gémis souvent ; mais je m'incline dans l'espérance que Dieu nous prépare des temps meilleurs.

Dans l'église primitive, les apôtres, désireux de vaquer sans entraves à la prière et au ministère de la Parole, demandèrent aux fidèles de faire choix de sept hommes, pleins du Saint-Esprit et de sagesse, qui seraient chargés du service des tables. Et ils eurent la joie de voir leur vœu pleinement réalisé. Nous aussi, nous demandons à notre Dieu de susciter un plus grand nombre d'ouvriers intelligents et dévoués qui aideront le corps pastoral à porter le lourd fardeau de la responsabilité matérielle. Vous ne comprenez pas tous, chers amis, par quel chemin de foi nous sommes appelés à marcher !

Béni soit Dieu dont le regard d'amour n'a jamais cessé d'être arrêté sur nous. Il a pourvu à nos besoins, malgré l'égoïsme de plusieurs de ceux qui pouvaient nous aider, et ne l'ont pas fait. Il continuera à nous être favorable, grâce à la générosité des frères qui, animés de l'esprit de David, disent comme lui : « Qui suis-je et qui est mon peuple que nous, ayons le pouvoir d'offrir volontairement comme nous faisons ? Car toutes choses viennent de toi, et les ayant reçues de ta main, nous te les présentons. »

Ce matin, notre chère Mᵐᵉ Kellermann rappelait dans sa prière en nous l'appliquant, cette parole que Jésus adressa à ses premiers disciples : « Ne crains pas, petit troupeau, car il a plu à votre Père de vous donner le Royaume. » Je me disais en l'écoutant : « Le troupeau à qui le royaume est confié ne peut rester toujours petit ; l'heure viendra où Dieu suscitera des ouvriers puissants qui feront au sein du monde une œuvre que nous n'avons pu faire. » L'œuvre de notre mère elle-même, grande et glorieuse devant Dieu, est restée cachée aux yeux des hommes ; et, s'il y a toujours eu parmi nous des chrétiens vivants, il n'y a pas encore de ces témoins remplis de dons extraordinaires, capables de subjuguer les multitudes. Puissions-nous bientôt voir surgir quelque nouveau Saul de Tarse qui bouleversera les églises en démasquant publiquement les illusions du pharisaïsme et du sadducéisme chrétiens. Dieu ne juge pas à la manière des hommes ; telle âme obscure et ignorée, peut avoir accompli à ses yeux une œuvre supérieure à celle du grand Apôtre ; mais quelle bénédiction pour le monde qu'un tel homme ait été suscité !

Peut-être ce géant de la foi, que nous appelons de tous nos vœux, surgira-t-il du sein même du peuple d'Israël, de cette race méprisée, dont l'existence est un perpétuel miracle. Il a gardé sa physionomie particulière, quoiqu'il ait été dispersé aux quatre vents des cieux ; cela tient en partie à ce que les Israëlites se marient généralement entre eux, et donnent ainsi une leçon bien sérieuse et bien utile aux chrétiens d'aujourd'hui.

Chères jeunes filles, nous vous en supplions, prenez dans vos cœurs la résolution de ne pas vous unir avec des infidèles ; nous avons sous les yeux les tristes conséquences de telles mésalliances, et nous ne saurions trop vous mettre en garde contre cette tentation qui trouve un si facile accès dans les âmes faibles. La défense faite sous l'ancienne alliance aux fils de Dieu de s'unir aux filles des hommes, est renouvelée sous l'Evangile. « Ne vous unissez point avec les infidèles », écrivait l'apôtre Paul.

Nous ne croyons pas à la restauration de la Jérusalem terrestre. Nous savons, néanmoins, qu'Israël n'est pas tombé pour toujours, et que si sa réjection, comme peuple, a été la réconciliation du monde, son rappel sera une résurrection d'entre les morts.

Mes bien-aimés ! l'avenir nous réserve de grandes choses ; les prières de la foi ne resteront pas sans réponse. C'est avec une douce et profonde reconnaissance que je considère les merveilles et les miracles déjà accomplis ; et je crois que le nombre des âmes fidèles qui forment le corps de Christ ira toujours croissant, à la gloire de notre Dieu-Sauveur.

Après ces paroles de foi et d'amour, M. Krüger termina la lecture de la biographie de Mme Armengaud. Ces pages si profondes, si belles, lues sous le regard de Dieu, nous ont paru nouvelles et plus pénétrantes qu'aucune épée aigüe à deux tranchants.

> Seigneur Jésus, sois à jamais ma gloire ;
> Sois mon amour, ma joie et ma douceur ;
> Sois mon rempart, mon fort et ma victoire
> Ma paix, mon bien, ma vie et mon bonheur.

Prédication du soir

Présidence de M. Kellermann.

Après la lecture des psaumes XXX–XXXII, et du Ve chapitre de l'Evangile de Jean, M. Kellermann a renouvelé, dans une courte et sérieuse prédication, plusieurs des vérités profondes qui font l'objet de notre enseignement.

Le sublime discours du Ve chapitre de Jean est

adressé par Jésus à des hommes versés dans les Ecritures, mais qui n'en avaient pas compris le sens profond et caché. L'Ancien Testament tout entier rendait témoignage à l'œuvre que Jésus devait accomplir ; les sacrifices ordonnés par la loi étaient des types du sacrifice divin ; et, malgré l'obscurité qui les enveloppait encore, les Juifs fidèles comprenaient que le sang des taureaux et des boucs ne pouvait, à lui seul, les purifier de leurs péchés. Ils croyaient à la miséricorde de Dieu, et, c'est par cette foi qu'ils étaient sauvés. Les Juifs pieux du temps de Jésus, sans comprendre l'œuvre expiatoire que le Messie devait accomplir, s'étaient enquis, dans les Ecritures, des choses qui le concernaient. Mais le témoignage des prophètes, et, plus tard, celui de Jean-Baptiste, restèrent lettre morte pour les hommes qui ne cherchaient pas à connaître la pensée de Dieu et s'attachaient à l'explication littérale des Ecritures.

Nous devons nous laisser pénétrer et renouveler intérieurement par la doctrine de vie ; car nous ne saurions être sauvés par une connaissance purement intellectuelle de la vérité.

Croyons par le cœur aux mystères révélés ; tout d'abord, au grand mystère de la chute absolue et universelle. Les nazaréens de Dieu y ont participé ; mais ici-bas, ils n'ont jamais résisté à une volonté divine clairement manifestée. Ils s'humilient dans le sentiment vivant qu'ils se sont aussi rebellés contre Dieu dans les lieux invisibles, et ont préféré,

la domination de Satan à celle du Dieu d'amour
qui les avait créés pour sa gloire.

C'est grâce au sacrifice rédempteur, ordonné dès
avant la fondation du monde, que la lumière a brillé
sur toute créature humaine, que la grâce prévenante
a rendu tous les hommes capables d'entendre, au
sein de leur abjection, la voix qui les appelle à la
résurrection et à la vie. Ce sacrifice a été volontaire.
L'amour seul obligeait le Père à livrer à la mort
son Fils bien-aimé ; l'amour seul obligeait le Fils
à se donner lui-même. La justice s'opposait à ce que
l'humanité révoltée rentrât jamais en grâce ; mais,
en Christ, la justice et la miséricorde se sont entre-
baisées. C'est sur Jésus, sainte Victime, que la justice
a eu son cours ; c'est par lui que la loi de l'Eternel
a été satisfaite.

Christ nous a rachetés, pour que nous lui apparte-
nions en propre. Sa mort nous donne le droit de
nous approcher de Dieu comme des enfants s'approchent de leur Père ; sa croix est notre arme et notre
bouclier ; grâce à elle, le souvenir du passé, s'il nous
humilie, ne peut nous porter au découragement.

L'apôtre Paul qui a accompli au sein de l'Eglise
chrétienne une œuvre si grande et si glorieuse, et
pouvait dire en vérité : « Ce n'est plus moi qui vis,
c'est Christ qui vit en moi », n'oubliait pas qu'il
avait été un persécuteur et un homme violent. Il ne
craignait pas de revenir sur le passé, bien que pour
lui, toutes choses eussent été faites nouvelles. Il
faut aussi que le souvenir de nos fautes passées soit

vivant en nous et nous pousse à nous plonger sans
cesse dans le sang de l'Agneau, sans défaut et sans
tache. Apprenons à bien connaître l'efficace de sa
mort et de sa résurrection. Christ est mort pour nos
offenses, ressuscité pour notre justification, afin
qu'étant dépouillés de toute justice charnelle, nous
soyons revêtus de sa justice sainte. Cet enseignement
divin a été déjà plusieurs fois renouvelé au milieu de
nous pendant nos assemblées. De précieuses influences ont reposé sur nous ; il importe de ne pas
s'y appuyer, mais de répéter cette prière : « O Dieu!
crée des cœurs droits, crée des cœurs purs qui
ne tournent pas tes grâces en dissolution! » Dieu
nous a comblés de bienfaits, la clarté de sa
face s'est levée sur nous ; la pure lumière de sa
vérité nous a éclairés. Pour moi, je le bénis de ce
qu'il m'a fait naître au sein de ce peuple, de ce qu'il
a formé dans mon cœur une foi profonde à l'inspira-
tion divine des Saintes Ecritures, et m'a donné
un amour sincère à l'égard de ceux qui nous instrui-
sent des voies de Dieu, et nous reprennent avec
fidélité. Si la parole de répréhension a pu m'attris-
ter parfois, elle ne m'a jamais froissé, ni éloigné de
ceux qui me l'ont adressée.

Humilions-nous tous ensemble devant Dieu. Il se
révèle aux cœurs humbles et brisés, qui tremblent à sa
Parole. Déjà, sous l'ancienne alliance, les âmes
humiliées qui se jetaient dans les bras du Dieu des
miséricordes trouvaient pardon, grâce et sainteté.
Maintenant aussi, la vie de notre âme dépend de

l'attitude que nous prenons en présence de la Croix de Christ. Sur la colline du Calvaire, à côté de Marie, des saintes femmes, du disciple bien-aimé, se trouvaient des orgueilleux qui s'écriaient : « S'Il est le Fils de Dieu, qu'Il descende de la croix ! » Il en est de même aujourd'hui. C'est avec des sentiments bien divers que les hommes entourent cette croix, rocher immuable au milieu des tourmentes ; et le temps viendra où ceux qui auront refusé de s'incliner devant elle, entendront dans leurs sépulcres la voix du Fils de l'homme, et ressusciteront pour l'éternel malheur. « Le Père ne juge personne ; mais Il a donné au Fils tout pouvoir de juger, et son jugement est juste ». La Parole qui nous sauve est aussi celle qui nous condamne, quand nous ne lui permettons pas de devenir vertu et vie au dedans de nous.

C'est ce que Jésus disait aux pharisiens de son temps, qui se réclamaient de Moïse et refusaient de voir en lui, le prophète prédit par Moïse.

Une condamnation sans miséricorde atteint ceux qui ont l'apparence de la piété, mais en ont renié la force ; tandis qu'une miséricorde sans ombre de condamnation est le partage de ceux qui sont en Jésus-Christ, et pénètrent de jour en jour plus avant dans les profondeurs insondables de son amour vainqueur.

Tel est, mes chers amis, le but glorieux qui nous est proposé, et que nous voulons poursuivre dans la force du Seigneur, et par sa vertu puissante.

MERCREDI 23 OCTOBRE

La réunion de prières du matin, commencée par Mlle Elina Lamouroux, a été continuée par M. Vincent, père, Mmes Saurel, Dupré et Granade.

A 4 heures, M. Ernest Kruger a ouvert le culte par la lecture des chapitres III–IV de l'Exode.

Le cri que la servitude faisait pousser aux enfants d'Israël monta jusqu'au ciel. Dieu n'a pas besoin de nos *cris* pour nous entendre et nous exaucer ; un soupir, un regard l'atteint, car la prière est le désir du cœur ; mais Il aime cependant que notre voix se fasse entendre.

Ces chapitres nous montrent une fois de plus que les vrais serviteurs de Dieu ne cherchent pas à cacher ce qu'il peut y avoir de défectueux dans leur expérience. Moïse nous fait part avec une grande simplicité de ses combats en face du grand appel qui lui avait été adressé. Malgré les encouragements et les promesses de Dieu, il se laisse effrayer à la vue de ce qui lui manque pour l'accomplissement d'un tel ministère, et il dit à Dieu : « Envoie qui tu dois envoyer. » Il nous rappelle aussi la faute qu'il commit en négligeant de circoncire ses fils ! Mais ne prenons pas occasion des faiblesses de nos frères pour nous élever, nous justifier, excuser nos propres péchés ; rentrons plutôt en nous-mêmes, humilions-nous et redoublons de vigilance.

Mme Armengaud, qui a toujours marché conformément à ses lumières, s'humiliait, néanmoins, sans cesse à la pensée de ce qui pouvait lui manquer en sagesse, en prudence, en discernement, en activité, etc. « Qui est-ce qui connaît ses fautes commises par erreur ? » « Nettoie-moi de mes fautes cachées », disait-elle avec le psalmiste.

C'est parce que Job avait négligé la purification de son cœur et s'était contenté d'avoir une conduite extérieure irréprochable, qu'il ne comprit pas d'abord le but du châtiment du Seigneur. Mais les paroles sévères d'Elihu et celles de l'Eternel lui-même lui ouvrirent les yeux et le conduisirent à une humiliation parfaite. Il s'écria alors : « J'ai parlé et je n'y entendais rien ; ces choses sont trop merveilleuses pour moi, et je n'y connais rien..... J'avais ouï parler de toi de mes oreilles, mais maintenant mon œil t'a vu ; c'est pourquoi je me condamne et je me repens sur la poudre et sur la cendre. » Jacob aussi eut besoin de dures leçons pour passer de l'état de *supplanteur* à celui de *prince de Dieu*. Il en a été autrement d'Abel, d'Hénoc, de Joseph et de Daniel !

Mes biens-aimés, au nom des compassions de Dieu nous supplions ceux d'entre vous, qui appartiennent encore, plus ou moins, à la race du *supplanteur*, de ne pas s'y attarder davantage. Imitez Jacob dans sa lutte et, comme lui, vous serez vainqueurs du mal.

Les mêmes appels extérieurs ne sont pas adressés à tous, mais tous doivent entrer dans la voie « la plus excellente, » celle de la charité.

Allons donc ensemble, avec confiance, au trône de grâce pour trouver grâce et être secourus à l'heure du besoin. Que nos prières soient persévé-rantes comme celles de l'aveugle Bartimée qui, assis au bord du chemin, criait sans se lasser : « Fils de David, aie pitié de moi ! » Il lui fut fait selon selon sa foi.

Après une prière pleine d'onction et de ferveur, M. Ernest Kruger a lu les trois premières lettres pastorales de Mme Armengaud, en les accompa-gnant de réflexions salutaires.

> Amour céleste, je t'adore,
> Mon esprit a vu ta grandeur !
> Je te connais, mais viens encore
> Régner en maître sur mon cœur !

Culte du soir

Présidence de M. Nissolle père.

M. Nissolle nous a raconté d'une manière fort in-téressante, son expérience chrétienne, et, tout parti-culièrement, son entrée dans l'Eglise. Il l'a fait avec une simplicité et une humilité vraiment touchantes, ne sachant comment exprimer sa reconnaissance envers Dieu et envers ceux qui ont fait tant de bien à son âme. Voici un court résumé de ce récit :

Dès ma première jeunesse, les choses de Dieu ont eu pour moi un attrait singulier. Je considérais la Bible comme le Livre des livres. La Parole inspirée et la voix de l'Esprit-Saint dans les profondeurs cachées de mon âme, m'ont amené au sentiment vivant de ma culpabilité et à la foi au salut qui est en Jésus-Christ. Mais cette œuvre était bien imparfaite, et je désirais ardemment rencontrer quelqu'un qui pût m'instruire et m'éclairer. Dieu soit béni ! Il a conduit la brebis errante auprès de pasteurs fidèles, sous la houlette desquels elle a été heureuse de paître dans les parcs du Seigneur.

Dès que je vis Mlle Hinsch, les préventions que j'avais contre elle se dissipèrent ; je reconnus en elle une fidèle servante de Dieu, et il me fut doux d'accepter son autorité maternelle, tout empreinte d'une sagesse divine.

J'eus à essuyer de la part de mon père une violente opposition ; elle ne cessa que le jour où, lui montrant la Bible, je lui dis : « Ce n'est pas moi que tu persécutes, c'est ce Saint Livre. » Cette parole le fit rentrer en lui-même, et j'eus plus tard la douce joie de le voir s'endormir en paix dans les bras du Sauveur.

Mlle Hinsch fut dans nos chères Cévennes l'instrument d'un puissant réveil ; nos réunions de prières étaient vivantes ; nous rivalisions de zèle pour assiéger le trône de Dieu. Notre chère mère, heureuse des influences puissantes qui reposaient sur nous, suppliait Dieu de former dans nos cœurs une foi inébranlable.

Lorsqu'elle fut appelée à se séparer de l'Eglise avec laquelle elle avait marché jusque-là, elle nous demanda d'examiner devant Dieu ce que nous devions faire. Nous n'hésitâmes pas à la suivre, car nous avions discerné la pureté de son enseignement et de sa vie.

L'ascendant de M{ile} Hinsch sur nous était celui de la vérité et de la charité. Tout en se réjouissant de nos progrès, elle, ne craignait pas de nous montrer ce qui nous manquait encore.

Autant l'autorité charnelle est dangereuse pour celui qui l'exerce et ceux qui la subissent, autant l'autorité fruit d'un pur amour pour Dieu et les hommes, est bienfaisante dans ses effets.

Je ne saurais assez bénir Dieu de la grâce qu'Il m'a faite, en m'amenant sous la conduite de pasteurs fidèles qui aiment les âmes, et assiègent nuit et jour le trône de Dieu en leur faveur.

Mon désir le plus ardent, c'est d'être toujours mieux leur joie et leur couronne, c'est que mon divin Sauveur puisse jouir à mon égard du travail de son âme.

> Je suis à Toi, gloire à ton Nom suprême.
> O mon Sauveur ! je me range à ta loi.
> Je suis à toi, je t'adore, je t'aime,
> Je suis à toi, je suis à toi!

Ces paroles expriment, par la grâce de Dieu, mon expérience actuelle, et celle de plusieurs d'entre nous.

JEUDI 24 OCTOBRE

Réunion de prières, 9 heures et demie

Les prières de Mlles Coraly Kruger, Syntiche Mourier et Marguerite Gonin, de MM. Ferrière père et Josué Nissolle, ont rempli cette matinée.

Réunion de 4 heures.

Présidence de M. Edouard Kruger.

Lecture du chapitre X des Actes.

Mes bien-aimés, nous a dit notre cher pasteur, vous avez entendu ce matin la prière de ma chère nièce Coraly. Elle était si visiblement inspirée par l'Esprit de Dieu, elle avait un tel cachet d'abandon filial, d'humilité, de joyeuse confiance, que, nous serions-nous réunis uniquement pour l'entendre, nous n'aurions pas perdu notre temps! Chère enfant! va de force en force, de victoire en victoire pour te présenter devant Dieu en Sion! Nous avons à ton égard la douce espérance, je dirai même la certitude, que tu deviendras au sein de l'Eglise ce qu'a été celle dont tu portes si dignement le nom! Les prières qui sont montées vers Dieu ce matin ont été vivantes. Vous avez tous été bénis, mes bien-aimés, dans la mesure où vos dispositions ont été celles du centenier Corneille, disant, avec humilité à l'Apôtre Pierre : « Nous voici tous présents devant Dieu, pour écouter ce que Dieu t'a commandé de nous dire. »

C'est avec une grande joie que nous voyons dans une église fondée par une femme, d'autres femmes se disposer à « suivre l'Agneau quelque part qu'il aille. »

Notre mère a accompli son œuvre dans des temps bien difficiles ; aujourd'hui les circonstances sont plus favorables ; beaucoup de nos pensées, auxquelles on s'opposait si fortement autrefois, sont en quelque sorte admises, ou sur le point de l'être dans le monde religieux. Mais les combats de ceux qui veulent être *fidèles* sont toujours les mêmes ; « les violents seuls ravissent le royaume des cieux » !

A l'occasion d'une lettre dans laquelle était exprimé sérieusement le désir d'être délivré de tout interdit, M. Kruger nous dit encore : L'interdit, c'est une résistance *connue* que l'on conserve, en dépit des lumières reçues. Les âmes qui sont à Christ, dont le plus cher désir est de se consacrer toujours mieux à son service, qui disent avec le Psalmiste : « Que le juste me frappe, ce me sera une faveur ; qu'il me reprenne, ce me sera un baume excellent, » ces âmes-là n'ont plus d'interdit. Elles ont à demander à Dieu d'augmenter leur foi et leur amour, de les soutenir dans leurs combats, de pardonner leurs infirmités, leurs faiblesses, leurs faux pas, mais elles font partie de la « nation sainte, du peuple acquis, de la sacrificature royale ».

Après le chant du cantique 61 : « Oh! que ton joug est facile », M. Kruger pria à peu près en ces termes :

Seigneur notre Dieu, nous te bénissons à cause du bien que tu as fait à ton peuple, de l'œuvre réelle et profonde accomplie en plusieurs de tes enfants. Bénis les âmes semblables à Corneille qui regardent avec humilité à tes serviteurs et acceptent avec une foi si simple et si parfaite le glorieux Evangile du salut. Bénis aussi les Nicodèmes, dont la foi plus faible, remplit cependant ton cœur de joie et de vive espérance pour l'avenir, à cause de son caractère de parfaite sincérité.

Béni sois-tu de ce qu'au milieu d'un monde plongé dans le mal se trouvent des croyants fidèles! Par ta grâce, ô notre Dieu, il y a encore des Maries qui ont choisi la bonne part et des Marthes dont le dévouement est à toute épreuve. Dans ces maisons de Béthanie, tu serais reçu toi-même avec une tendre affection, puisque les tiens y trouvent toujours une hospitalité si profondément cordiale. Seigneur, bénis ces chères âmes, en qui tout interdit a été détruit. Augmente leur foi, fortifie-les dans la voie excellente où elles sont entrées, et donne-leur de répondre parfaitement au grand appel qui leur est adressé. « Fille bien-aimée, leur dis tu, âme vraiment abaissée, dépouillée de toute justice propre, enfant de Sion, joie et espérance de l'Eglise, oublie ton peuple, même le peuple béni au milieu duquel tu te sens si heureuse ; et la maison de ton père, même de celui qui t'enfanta à l'Evangile ; élève-toi jusqu'à ton Dieu-Sauveur. Après avoir tout quitté pour suivre le *Fils de l'Homme*, quitte tout pour suivre le

Fils de Dieu ; et ce Roi des rois, ce Seigneur des seigneurs, sera ta force et ta consolation, en tout temps. »

Seigneur, continue à accomplir au milieu de nous des choses grandes et merveilleuses, des miracles et des prodiges, par le nom de ton saint Fils Jésus que tu as oint.

Mes chers amis, vous dont l'âme a été vraiment purifiée par l'Esprit-Saint, répondez au grand appel de Dieu. En Christ, il n'y a ni homme, ni femme ; mettez tous votre affection, votre appui, votre gloire dans l'Epoux céleste. Jean-Baptiste se réjouissait en voyant quelques-uns de ses disciples le quitter pour suivre « l'Agneau de Dieu. » « Il faut qu'il croisse et que je diminue » disait-il. Et Jésus, Parole faite chair, travaillait à amener les âmes à la communion du Père, plus grand que lui. « Si vous m'aimiez, disait-il, vous vous réjouiriez de ce que je vais à mon Père. Il vous est avantageux que je m'en aille, car si je ne m'en vais, le Consolateur ne viendra pas à vous ; et si je m'en vais, je vous l'enverrai. L'Esprit est avec vous, et il sera en vous. » O mes bien-aimés, ce sont là des choses profondes, puissiez-vous les comprendre, les embrasser par la foi !

La doctrine que l'on combattait le plus autrefois, c'est celle de l'entière sanctification. Se dire saint, c'était aux yeux de certains chefs d'église, un péché de fierté. On s'opposait aussi à tout ministère non *officiel*, surtout à celui de la femme. La préexistence des âmes ; la chute universelle par la séduction du

Serpent ancien, Prince des ténèbres,, *Père* du mensonge ; le sacrifice expiatoire, ordonné dès avant la
fondation du monde, et accompli en son temps sur
la terre en faveur de *toute* l'humanité déchue ; le
salut possible pour les païens, indépendamment de
la connaissance littérale de l'Evangile ; le règne en
esprit et en vérité ; la première résurrection ; l'œuvre de la grâce continuée après la vie terrestre en
faveur d'un grand nombre d'hommes, etc ! C'étaient
là, autant d'erreurs qu'il fallait rejeter sans pitié.
Mais, grâce à Dieu, la lumière qui procède de Sion
a dissipé en partie les ténèbres de la sagesse humaine, et elle achèvera de les dissiper. Que cette
lumière qui est vie chez plusieurs soit vécue par vous
tous, chers amis ; tous ensemble, nous donnerons
gloire à Dieu et à la parole de sa grâce, et les hommes droits qui auront occasion de nous entendre re-
connaîtront que le Seigneur est avec nous! « Une
ville située sur une montagne, ne saurait être cachée ;
et on n'allume pas une chandelle pour la mettre sous
un boisseau ».

Après la lecture d'une lettre fort sérieuse adressée
par Mlle Hinsch à un ancien pasteur de Montpellier,
M. Kruger nous a exhortés à entrer dans la glorieuse
liberté des enfants de Dieu. Il nous a rappelé ces
paroles de notre mère à ses filles en la foi : « Si vous
ne recherchez pas les grâces que j'ai obtenues, vous
mépriserez mon témoignage ; si vous n'entrez pas,
lorsque vous y êtes appelées, dans la voie de la
prédication, vous me condamnez ».

L'œuvre que nous avons à accomplir est grande, quoique notre cercle d'activité extérieure soit restreint. Dans nos églises, dans nos écoles, dans nos asiles de charité de Nimes, dans notre établissement de bains de mer de Cette, dans nos rapports suivis avec nos amis dispersés, le travail excède nos forces ; aussi, supplions-nous sans cesse notre Dieu d'augmenter notre foi, et de nous fournir les ressources nécessaires à l'entrée de nouveaux ouvriers dans la moisson.

En attendant, que chacun de nous se multiplie, autant qu'il est possible de le faire. Aimons les âmes de nos semblables ; aimons aussi leurs corps. Souvenons-nous que « la religion pure et sans tâche, devant Dieu, notre Père, consiste à visiter les veuves et les orphelins dans leurs afflictions, et à se préserver de la souillure du monde ». Apprenons à discerner « les petits commencements » ; n'éteignons jamais « le lumignon qui fume encore » ; ne brisons pas « le roseau froissé » ; mais comme notre Maître, « doux et humble de cœur », ravivons l'un, redressons l'autre, sous le souffle pur et vivifiant de l'amour céleste. Allons chercher, parmi les ronces et les épines, les brebis égarées, pour les ramener au souverain Pasteur, à l'évêque de nos âmes.

On raconte de la vieillesse de l'apôtre Jean, un trait qui, s'il n'est pas tout à fait certain, est du moins conforme au caractère du disciple que Jésus aimait.

Il avait confié, dit-on, à l'un des pasteurs de

l'Eglise, un jeune homme afin qu'il fût instruit de la doctrine de vie. Mais ce disciple se laissa entraîner par de mauvaises compagnies et s'unit même à une bande de voleurs qui dévalisaient les voyageurs dans les montagnes. Quand l'apôtre l'apprit, sa douleur fut vive ; et, malgré son grand âge, il s'en alla à la recherche de son fils égaré. Pris lui-même par les brigands, il fut amené devant l'enfant rebelle. Alors, lui ouvrant les bras avec tendresse, il s'écria : « Mon fils, mon fils ! » Le cœur brisé par tant d'amour, le disciple infidèle s'humilia, trouva grâce devant Dieu et devant les hommes, et devint un des chrétiens les plus fidèles de l'Eglise primitive. Ce trait n'est-il pas digne de celui dont la prédication tout entière pourrait se résumer dans cette exhortation : « Mes petits enfants, n'aimez pas seulement de paroles et de la langue, mais en effet et en vérité ».

Par la grâce de Dieu, les sentiments de l'apôtre m'animent aussi à l'égard des âmes égarées, qui peuvent revenir au Conducteur de leur jeunesse. Je pense tout particulièrement en ce moment à une aimable jeune fille qui nous arriva d'Allemagne, après la guerre de 1870. Quel séjour béni elle fit au milieu de nous ! Elle avait gagné le cœur de tous par son amour filial et fraternel ; son cœur s'épanouissait aux doux rayons du Soleil de justice. Elle qui avait été habituée à une vie luxueuse et facile, se plaisait dans la compagnie des plus humbles. Sa peine fut grande lorsqu'elle dut nous quitter ! Il semblait que rien ne pouvait affaiblir sa résolution de servir le

Dieu vivant. Mais rentrée au sein d'une famille mondaine, cette chère enfant négligea peu à peu la prière et la lecture des Saintes-Ecritures, et se trouva sans force pour résister à une proposition de mariage qui flattait son amour-propre. Cette union n'a pas été heureuse ; mais l'épreuve n'a pas encore porté ses fruits.

Continuons à prier pour cette amie qui nous est toujours chère. Et que cet exemple vous soit salutaire à vous, chères jeunes filles pieuses. Prenez la ferme résolution de ne jamais contracter des alliances contraires à la volonté de Dieu.

Que le Seigneur Jésus soit avec vos esprits! Amen !

Culte du soir

M. Edouard Kruger, malgré une assez grande fatigue, nous a encore édifiés ce soir. Après le chant du cantique 76, il s'est adressé pendant quelques instants, avec une affection particulière, aux élèves des Asiles évangéliques.

Chères enfants, leur a-t-il dit, nous aurions aimé de vous voir à toutes nos réunions, mais peut-être plusieurs d'entre vous n'auraient pas désiré y assister. Nous avons beaucoup pensé à vous, et prié pour vous. Comme nous venons de le chanter, Jésus donna pour vous sa vie ; il connaît chacune de vous par son nom, et, dans sa charité divine, il vient ce soir encore vous convier à sa table. Répondez à cet appel plein d'amour, et vous pourrez, vous aussi, dire un jour : « J'ai ma place en *sa maison* ; je sais que cette vie pour moi sera suivie d'un parfait repos dans son sein ». Vous savez combien il est doux d'avoir de bons parents, des amis affectueux toujours prêts à nous recevoir. Tel est le sentiment du croyant à l'égard de Dieu. Rempli de confiance en sa bonté, il attend, dans une parfaite assurance, l'heure bénie du délogement, sachant que son nom est écrit dans le Livre de vie. Cette bonne part vous est offerte à vous, chères enfants, comme à nous-mêmes. Nous vous supplions donc au nom du Père, du Fils et de l'Eglise, de croire sans plus tarder à la promesse de la Vie.

M. Kruger a lu ensuite le second chapitre des Actes, et s'est arrêté sur le verset 26ᵉ : « Que toute la maison d'Israël sache donc certainement que Dieu a fait Seigneur et Christ, ce Jésus *que vous avez crucifié.* »

Nous avons tous crucifié le Seigneur de gloire, en nécessitant par notre révolte insensée, sa mort expiatoire. Que chacun, pénétré de cette vérité, se retourne vers Dieu, et soit baptisé au nom du Seigneur Jésus, pour la rémission des péchés et le don du Saint-Esprit.

Ce retour sincère et complet a été le partage de quelques âmes dans les lieux célestes ; c'est ce qui explique leur entrée dans ce monde avec un cœur

« honnête et bon ». Mais quoiqu'elles ne pèchent plus ici-bas, « d'un péché semblable à celui d'Adam », elles participent néanmoins aux souffrances générales et à la mort, parce qu'elles appartiennent, elles aussi, à la race déchue, destinée à passer sur la terre un temps d'épreuve. Leur expérience est de nature à couvrir de confusion, non-seulement la multitude des hommes qui vivent « sans Dieu et sans expérance dans le monde » ; mais aussi les chrétiens qui clochent encore des deux côtés. Elle ne doit cependant pas décourager ceux qui s'avouent coupables ; car QUICONQUE confesse ses fautes et les délaisse obtient miséricorde. La parabole de l'enfant prodigue en est une preuve certaine.

Mais que deviennent les enfants morts en bas-âge, avant d'avoir pu mettre en évidence les sentiments intimes de leur âme ? On les croit généralement sauvés ! Or, comment admettre cette pensée sans croire à la préexistence des âmes ? Car si les petits enfants *sont sauvés*, c'est qu'ils *étaient perdus* ! Oui, pense-t-on, *perdus en Adam*, et *sauvés en Jésus-Christ* ! Ils ignoreront donc, pendant toute l'éternité, le repentir d'un pécheur *personnellement* coupable, et la reconnaissance d'un condamné *personnellement* grâcié ; car, s'ils sont frappés à cause du péché d'autrui, ils n'ont pas à se repentir, et s'ils échappent à la condamnation attirée sur eux par un péché auquel ils sont étrangers, ce n'est que justice. Le principe de solidarité ne saurait être appliqué ici.

Il faut donc croire ou que les enfants *sont sauvés*, parce qu'ils se sont humiliés, et qu'ils ont été pardonnés avant leur entrée dans ce monde, ou qu'ils *seront sauvés* de l'autre côté de la tombe, s'ils acceptent l'Evangile qui leur sera présenté.

Mais peut-on assurer que tous les petits enfants sont ou seront sauvés ? Nous ne le pensons pas. Les Caïn, les Cham, les Judas, les Diotrèphe, et tant d'autres « fils de perdition », auraient-ils échappé à la condamnation, s'ils étaient morts jeunes ? C'est inadmissible. Le germe impur qui devait les conduire au fratricide, au mépris du caractère patriarcal, à la trahison, à l'antéchristianisme, se serait développé en dehors de ce monde, comme il l'a fait sur la terre ; car même les influences divines qui reposèrent sur Judas et le constituèrent, pour un temps, disciple de Jésus-Christ, ne purent changer la nature de son âme orgueilleuse et avare !

Dieu sait pourquoi il laisse de tels hommes grandir et devenir des ouvriers d'iniquité, alors qu'à nos yeux il serait préférable qu'ils fussent retranchés avant d'avoir pu accomplir leur œuvre néfaste. De même, il sait pourquoi il retire à lui de jeunes enfants, dont on pouvait espérer qu'ils accompliraient plus tard un ministère de foi et d'amour. Ses voies ne sont pas nos voies, ni ses pensées, nos pensées.

« Nous ne connaissons qu'imparfaitement et nous ne prophétisons qu'imparfaitement, » écrivait le grand apôtre. Il avait néanmoins une telle connaissance du « mystère de la piété », qu'il était devenu une même plante avec Christ et trouvait sa joie dans une obéissance entière et permanente à sa volonté, même quand elle lui attirait les plus douloureuses épreuves.

L'amour rend l'obéissance facile et joyeuse. Comment ne pas aimer Celui qui, pour nous sauver, s'est abaissé lui-même jusqu'à être fait péché et malédiction pour nous ? — Ce bien-aimé Sauveur est aussi le *Seigneur* de ceux qui croient en lui. Il les sauve de la domination de Satan pour les placer sous la sienne. Le titre de *serviteur* n'est-il pas celui dont se sont glorifiés les plus grands apôtres ? De même que dans une famille bien dirigée les enfants se considèrent comme les heureux serviteurs de leurs parents, de même les saints trouvent leur bonheur dans la dépendance du Père céleste !

Qu'il est triste de préférer le joug de Satan à celui de Dieu ! Nous nous sommes tous rendus coupables de ce grand péché. Pour mon compte, je me souviens avec reconnaissance de la repentance que j'éprouvai lorsque, pour la première fois, mes yeux s'ouvrirent à cet égard. Pendant plusieurs heures, je restai à genoux, pleurant sur ma folie et demandant grâce.

Oh ! quand viendra le jour où cette connaissance de la justice et de la miséricorde de Dieu couvrira la terre comme le fond de la mer est couvert par les eaux ? Ce jour semble encore éloigné. Que d'iniquités ne voyons-nous pas autour de nous ! Comme l'apôtre Jean, nous disons avec tristesse : Le monde est *plongé dans le mal.* Ce qui inspire le plus d'horreur ce sont les champs de bataille où les hommes qui devraient s'aimer et se soutenir, s'entre-déchirent sans pitié. C'est ce qui se passe à cette heure dans l'Afrique Méridionale où deux nations qui se disent chrétiennes luttent l'une contre l'autre avec acharnement. La guerre est toujours une chose abominable ; mais elle l'est particulièrement quand les armes sont si inégales ; quand une nation puissante, qui croit être la lumière du monde, grâce au zèle avec lequel elle sème en tout lieu la Parole de vie, ne recule devant aucun moyen pour écraser le faible ! Ne se lèvera-t-il pas en Angleterre des hommes puissants en paroles et en vertu qui s'écrieront avec toute l'énergie du Saint-Esprit : Vos mains sont pleines de sang ! Lavez-vous, purifiez-vous, ôtez de devant mes yeux la malice de vos actions ; cessez de mal faire, apprenez à bien faire ; recherchez la droiture et protégez l'opprimé ; faites droit à l'orphelin, défendez la cause de la veuve !

Quand l'apôtre Pierre, rempli du Saint-Esprit, dévoila à Israël le crime qu'il avait commis en faisant mourir Jésus par la main des païens, les cœurs droits touchés de compassion, s'écrièrent : Hommes frères, que ferons-nous ? Et ce jour-là trois mille personnes furent ajoutées à l'Eglise ! Puisse un réveil semblable avoir lieu non seulement en Angleterre, mais dans le monde entier !

Quel beau tableau que celui qui termine le second chapitre des Actes ! « Tous ceux qui avaient cru persévéraient dans la doctrine des apôtres, dans la communion, dans la fraction du pain et dans les prières » ! Ce n'était pas là un mouvement d'influences passagères ; c'était le fruit de la foi ; et ce qui se faisait alors peut se faire encore aujourd'hui. L'amour pur et permanent pour Dieu et pour son œuvre ; la disposition à faire part librement et joyeusement de ses biens à des frères moins favorisés ; l'esprit de sacrifice ; ce ne sont pas là des illusions, ce sont des réalités.

Quiconque est *né de Dieu* considère ce qu'il a comme appartenant, non à lui seul, mais à Christ et à ceux qui sont à Christ. Si le principe de la communauté n'est pas toujours réalisable dans sa forme extérieure, l'esprit de communauté doit régner entre les membres de la famille de Dieu. « C'est à cela, disait Jésus, que tous connaîtront que vous êtes mes disciples, si vous avez de l'amour les uns pour les autres. Or, l'amour ne consiste pas en paroles, mais en vertu.

Béni soit Dieu, chers amis, de ce que ce langage répond parfaitement à l'expérience de plusieurs d'entre vous. Qu'il en soit bientôt ainsi pour tous.

Père céleste, nous nous réfugions à l'ombre de tes ailes, fais-nous reposer en assurance à tes pieds, garde-nous de tout mal, et prépare-nous pour la journée de demain.

Ta grâce et ta gloire ont brillé dans ton sanctuaire ; continue à faire lever sur nous la clarté de ta face, et que chacun emporte de ce lieu une bénédiction durable !

A mesure que l'heure de la séparation approche, resserre les liens intérieurs qui nous unissent, afin que, de loin comme de près, notre communion fraternelle soit vivante et vivifiante !

O notre Père ! crée des cœurs aimants, animés d'un véritable esprit de communauté, afin qu'on puisse dire de nous comme des premiers disciples : « Voyez comme ils s'aiment ! » Fais comprendre à tous la valeur et l'importance des liens du Saint-Esprit ; que l'amour filial et fraternel se développe et s'épanouisse en ceux qui le possèdent déjà, et crée-le dans les cœurs qui ne le connaissent point encore !

Seigneur, notre Dieu, fais du bien à tous selon ta bienveillance ; que ta bonté soit sur nous, car nous nous sommes attendus à toi. Bénis avec nous nos chères enfants des Asiles, qu'elles se donnent toutes à toi ! Que ton amour brise enfin le cœur des rebelles. *Amen.*

Gloire soit au Saint-Esprit,
Gloire soit à Dieu le Père.
Gloire soit à Jésus-Christ,
Notre Époux et notre Frère.
Son immense charité
Dure à perpétuité.

VENDREDI 25 OCTOBRE

Réunion de prières : 9 h. 1/2,

Ont prié : Mlle Paul, Mmes Penot et Hénoc Kruger, Mlle C. Escudié et M. Combernoux.

Réunion de 4 heures.

La réunion de l'après-midi, présidée par M. Kellermann, a été consacrée à diverses lectures. Avant
la prière, les chapitres 65 et 66 d'Esaïe ; et après la
prière, les lettres de Mme Armengaud adressées à
M. le pasteur Charles Cook, à Mme Cook et à Mme
Sauvaitre. Au cours de ces lectures, M. Kellermann
nous a donné plusieurs détails intéressants sur notre
mère.

Lorsque cette servante du Seigneur reçut le témoignage de la justification par la foi, elle faisait avec
sérieux son instruction religieuse. Comme naza-
réenne de Dieu, elle avait, en germe, toutes les grâces divines, mais elle n'en eut conscience qu'à
leur entier épanouissement. Le baptême du
Saint-Esprit lui fut accordé dans des circonstances bien solennelles. Se trouvant à Nimes,
un dimanche, le 22 octobre 1832, elle assista
à plusieurs services religieux. Ses amies lui di-
rent, le soir : « Si vous n'étiez pas trop fatiguée,
nous pourrions nous rendre encore à un autre culte,

présidé par M. le pasteur Gardes, dans une maison particulière. — « Moi, fatiguée d'entendre parler des choses de Dieu ! s'écria-t-elle ; c'est avec bonheur que j'y viendrai. » — Cette réunion, bien humble, tenue dans un sous-sol, fut particulièrement bénie pour elle. Pendant la prière du pasteur, Jésus se révéla à son âme avec puissance, et lui communiqua la vie éternelle.

Plus tard, pendant une nuit de vives souffrances, elle obtint le don de « la plénitude de Dieu ». Elle se demandait si la foi des martyrs était son partage ; et ce fut après une prière persévérante, qu'elle fut revêtue de cette puissance d'en haut par laquelle toute victoire est possible.

C'est à cette nuit de grande lutte que Mme Armengaud fait allusion dans sa lettre à M. le pasteur Charles Cook. Celui-ci ne se disait pas sanctifié, comme plusieurs de ses collègues. « Que voulez-vous, répondait-il, lorsqu'on s'étonnait de cette différence ; ils sont sanctifiés selon leurs lumières, et je ne le suis pas selon les miennes. » Bien des hommes confondent, en effet, les influences de l'Esprit, avec la *vertu* de l'Esprit ; c'est ce qui fut clairement révélé à Mme Armengaud par l'expérience de Mme Sauvaitre.

Lorsque cette chère sœur subissait des influences bénies, elle était parfaitement d'accord avec son amie, pour prier et suivre les voies de la justice ; lorsque l'épreuve survenait, elle n'était plus la même ; elle obéissait alors à la chair plutôt qu'à l'Esprit. Notre mère se demandait à quoi attribuer ce changement. Le chapitre sixième de l'épître aux Hébreux la mit au clair à cet égard. Elle comprit combien grande est la différence entre *goûter* la bonne parole de Dieu et *manger* la chair de Christ !

Mme Sauvaître le comprit aussi, et puissamment réveillée devant la promesse de la vie, elle entra, à son tour, dans une communion permanente avec Dieu et avec l'Eglise. Aussi, eut-elle la joie de voir son mari, longtemps opposé à la piété, s'incliner peu à peu et terminer ses jours dans la repentance envers Dieu et la foi en Jésus-Christ.

> « Oui, Jésus, tout est possible
> A qui peut croire en ton Nom ;
> Car ta puissance invincible
> Détruit l'œuvre du démon.

Culte du soir

Mme Ernest Kruger a présidé ce culte. Après le cantique : « *Oh ! qu'il fut beau le jour, où, secouant le doute, mon âme abandonna son incrédulité* », et la prière, elle a lu les chapitres 13 et 14 du prophète Osée, et s'est arrêtée sur ces paroles : « Les voies de l'Eternel sont droites, les justes y marcheront, mais les rebelles y tomberont. »

Les voies de l'Eternel sont droites ! Seules, nos résistances nous les font paraître tortueuses ; les âmes qui s'abandonnent filialement à Dieu y cheminent avec joie.

J'ai eu le privilège d'avoir une mère pieuse, fortement attachée au culte domestique, auquel j'assistais
volontiers. Un tel culte est une source de bénédictions,
pour ceux même qui y participent par simple
obéissance. J'aimais les histoires de la Bible, surtout
celles qui révélaient la nécessité de la conversion.
Plus d'une fois, en me couchant, je priai Dieu de
ne pas me retirer pendant la nuit, puisque je n'étais
pas convertie. Le récit de la conversion d'une des
filles de M. Cook m'impressionna fortement ; mais
les choses de la terre m'entraînèrent encore. Plus
tard, je fus mise en rapport par ma mère, avec
Mme Armengaud, et je m'attachai de cœur à elle.
Ma mère aurait voulu me mettre au pensionnat di-
rigé par Mlle Dinkelmann, mais mes autres parents
s'y opposèrent. Cependant, Dieu entendit les soupirs de son Esprit ; il m'ouvrit le chemin auprès de
Mme Armengaud qui, par ses instructions maternelles,
cultiva la terre de mon cœur ; et la semence divine
y produisit des fruits à la gloire de Dieu. Depuis
lors, quel bien le Seigneur ne m'a-t-il pas fait ?
De quel amour ne m'a-t-il pas entourée ? Avec quelle
tendresse, quel discernement, notre chère mère ne
m'a-t-elle pas reprise, instruite, encouragée ? Il y a
cinquante ans que j'appartiens à mon Sauveur. Je
lui rends de vives actions de grâces pour son salut
gratuit, en m'humiliant de ne pas m'être développée
d'une manière plus rapide.

Pendant la grave maladie que je viens d'avoir, j'ai
sérieusement sondé mes voies ; j'ai demandé grâce

et cherché en Dieu la force de travailler mieux que jamais au salut de mes semblables.

Une de nos amies demandait un jour à Mlle Pouget comment elle avait fait pour obtenir les bénédictions dont elle avait été enrichie. « Je n'ai fait qu'apporter mon cœur à Dieu, pour qu'Il y produisît lui-même le vouloir et l'exécution, selon son bon plaisir, » répondit-elle. C'est là en effet le chemin à suivre, mes bien-aimés, pour les grâces les plus excellentes, comme pour les premiers éléments de la piété.

« Voici, je me tiens à la porte et je frappe, dit le Seigneur ; si quelqu'un entend ma voix et m'ouvre la porte, j'entrerai chez lui, je souperai avec lui, et lui, avec moi. » Il se tient, en vérité, à cette heure, à la porte de chacun de nos cœurs et il frappe. Que nul ne reste sourd à sa voix ! Combien l'âme est heureuse quand elle a renoncé à sa propre volonté. C'est à l'obéissance volontaire que sont faites toutes les promesses de Dieu. Mon cœur est rempli de joie et de reconnaissance, en voyant devant moi tant de personnes bien disposées, tant de chers enfants de Sion décidés à marcher au milieu des sentiers de la justice. Pendant nos précieuses réunions de prières, je me suis unie à mes frères, il me semblait qu'ils exprimaient mes propres besoins mieux que je ne n'aurais su le faire moi-même !

Chers amis ! que les liens qui nous unissent, se resserrent de jour en jour ! Souvenons-nous de la comparaison de l'un de nos frères : « Lorsqu'on veut allumer un feu, disait-il, on rapproche les unes des autres les bûches et les brindilles, afin que la flamme puisse aller de l'une à l'autre ; si on les éloigne, le feu ne prend pas ; de même, si nous voulons que la flamme de l'amour chrétien brûle en nos cœurs, nous ne devons pas nous isoler. »

Je puis vous dire que j'ai été profondément émue et reconnaissante de tous les témoignages d'affection que j'ai reçus de tout temps, et en particulier pendant ma dernière maladie. J'en étais humiliée, et j'ai demandé à Dieu de récompenser lui-même mes amis. Les pauvres qui reçoivent l'aumône, disent en général : « Le bon Dieu vous le rendra ! » C'est une pensée juste qu'ils expriment, sans s'en rendre compte. Il est doux, en effet, de savoir que toute œuvre d'amour porte en elle-même sa récompense, et que Christ considère comme lui étant fait à lui-même, tout ce que nous faisons pour ses serviteurs.

Heureux, toujours heureux, j'ai le Dieu fort pour Père,
Pour frère, Jésus-Christ, pour guide, l'Esprit-Saint.
Que peut ôter l'enfer, que peut donner la terre,
A qui jouit du Ciel, et du Dieu trois fois saint.

SAMEDI, 26 OCTOBRE

Réunion de prières : 9h. 1/2,

Ont prié : Mme Hénoc Kruger, Mme Soreau, Mlle Clary Combernoux, M. et Mme Nievergelt.

M. Kruger ayant exprimé le désir que cette journée tout entière fût consacrée à la prière, afin qu'un plus grand nombre d'amis puissent donner gloire à Dieu, à cause du bien reçu, la réunion de quatre heures a été ouverte par une prière de Mlle Coraly Kruger, directrice des Asiles évangéliques. Ont prié, après elle, Mmes Gilly, Blanc, Faysse, de Saint-Hippolyte, et Huber.

Nous ne pouvons reproduire chacune de ces prières ; résumons seulement celle de Mlle Kruger.

Seigneur, notre Dieu, nous te bénissons, de ce que tu nous réunis encore, au pied du Trône de la grâce, tandis que, toi-même, tu intercèdes pour nous auprès du Père. Que chacun de nous dise à cette heure : « Mon Dieu, si pour moi Jésus prie, s'Il a souffert pour moi la mort, je veux Lui consacrer ma vie, qu'Il soit mon refuge et mon fort. » Enseigne-nous, de plus en plus, la prière intime et constante, qui nous rend capables de prier avec bénédiction au milieu de nos frères. Ce n'est pas seulement dans ces heures bénies où nous combattons tous ensemble à tes pieds, que tu veux nous enseigner à te prier, mais c'est constamment, au milieu même de nos occupations les plus absorbantes et les plus desséchantes. La prière que rien n'interrompt, ces supplications et ces actions de grâces, qui découlent, sans cesse, du cœur régénéré, tel est le but que nous poursuivons et que nous atteindrons toujours mieux par ta grâce. Nous avons tant de choses à te demander pour nous-mêmes, pour ceux que nous aimons, pour l'œuvre que tu nous confies, qu'être à tes pieds est pour nous le plus doux des privilèges.

Je te rends grâces, ô Dieu, de ce que je suis à toi toujours plus, toujours mieux, trouvant en toi la source d'une parfaite justice et d'une parfaite joie. Tu m'as aimée, dès avant ma naissance ; tu m'as aimée, en me faisant naître au sein de ton Eglise, en m'entourant d'âmes pieuses, en m'instruisant de mille et mille manières, par leur moyen. Tu m'as aimée d'un amour éternel ; c'est pourquoi tu m'as attirée dans ta miséricorde, et tu as fait, en ma faveur, des prodiges et des miracles. Je te bénis de ce que j'ai déposé à tes pieds toutes les armes de la résistance, et de ce que tu m'as revêtue de ton armure sainte. Pardonne-moi ma lenteur à comprendre la simplicité de tes voies ; pardonne-moi, si, pendant longtemps, je me suis appuyée sur les grâces reçues, au lieu de pénétrer toujours plus avant, dans ton cœur d'amour pour y chercher des grâces nouvelles. Je te bénis de ce que tu m'as enfin conduite aux sentiers de la paix, où tu m'enrichis de dons toujours nouveaux. Bénis-moi pour la tâche que tu m'as confiée ; donne-moi de l'accomplir toujours mieux, avec la sagesse qui procède de toi, et, qu'étroitement unie à tes servantes bien-aimées, je travaille, avec elles au bien des chères enfants que tu nous confies, leur parlant, en temps et hors de temps, du bien que tu veux leur faire. Que toutes ensemble, nous soutenions les mains de nos conducteurs, de nos pères et mères en la foi. Nous te supplions, ô notre Dieu, de conserver ces bien-aimés longtemps encore, pour ta gloire et le bien de ton peuple. « Seigneur, que ton Esprit nous exauce et nous lie, que membres de ton corps et vivant de ta vie, nous soyons tous plantés en toi. » Nous avons goûté d'une manière particulière, ces derniers jours, les douceurs de la communion fraternelle. Que l'Esprit d'amour chasse vraiment tout esprit de discorde du cœur de tes enfants ! Prépare-nous pour le dernier et grand jour de la fête. Que nul d'entre nous ne se travaille ou ne s'agite pour te forcer, en quelque sorte, à le bénir. Nous voulons attendre, dans l'humilité, dans la foi, le bien que tu veux nous faire ; et, de retour dans le milieu où nous sommes appelés à vivre, aux prises avec les mêmes difficultés et les mêmes tentations que par le passé, nous ne perdrons pas courage. Tu demeureras avec nous, tu nous soutiendras dans le combat de chaque jour, et tu nous rendras victorieux en toi.

Bannis toute inquiétude et toute tristesse de nos cœurs ; enseigne-nous à remettre sur toi tous nos soucis, à nous décharger de tout fardeau à tes pieds, sachant que tu prends de nous un tendre soin.

Mets dans nos cœurs et sur nos lèvres le cantique des rachetés : « A celui qui nous a sauvés, et qui nous a lavés de nos péchés dans son sang, soit honneur, gloire et magnificence, Père saint ! un sang d'un prix immense apaise ta rigueur ; enseigne-nous à te bénir pour le don ineffable de ton Fils unique, qui est notre rançon, et à nous réjouir en toi d'une parfaite joie. Nous nous réfugions tous ensemble, sous tes aîles, Dieu Très-Haut, après nous être plongés dans l'océan de tes compassions. *Amen !*

La réunion de prières du soir commencée par Mlle Adélaïde Kellermann, a été continuée par Mlles Thalamas et Jullié, et M. Gachon.

Nous nous sommes séparés à onze heures, humiliés et reconnaissants envers l'Auteur de toute grâce excellente, et de tout don parfait.

DIMANCHE 27 OCTOBRE

Culte du matin.

Présidence de M. le pasteur Ernest Kruger.

Lecture du Psaume 37e et chant du cantique 11e :
« Peuple chrétien, ton Sauveur charitable vient aujourd'hui, t'inviter à sa table… »

Après une prière d'actions de grâces et d'inter-
cession en faveur de tous les élus, M. Ernest Kruger a lu le chapitre VIIe de l'Evangile de Jean. Les
pharisiens hypocrites dont il est parlé dans ce chapitre, a-t-il dit, furent troublés par ce témoignage
des sergents : « Jamais homme n'a parlé comme
cet homme » ; et par la crainte que quelqu'un
des chefs du peuple ait pu croire en Jésus. Mais
ils furent consolés dans leur malice à la pensée
qu'il ne recrutait ses disciples, qu'au milieu
de la « populace exécrable qui n'entend pas la
loi ! »

Mme Armengaud a connu, comme son Maître, cette
opposition systématique des hommes qui peuvent
avoir l'apparence de la piété, mais qui en renient
la force ; et elle a achevé sa course sans avoir été
comprise des chefs d'église ; mais les humbles, les
âmes affamées et altérées de justice qui ont eu occa-

sion de la rencontrer, ont reçu son témoignage. Aujourd'hui encore, il en est de notre église comme de celle de Corinthe ; il n'y a dans son sein « ni beaucoup de sages selon la chair, ni beaucoup de puissants, ni beaucoup de nobles. Dieu a choisi les choses folles du monde, pour confondre les sages ; les choses faibles, pour confondre les fortes ; les choses viles et les plus méprisées, même celles qui ne sont point pour anéantir celles qui sont ; afin que personne ne se glorifie devant lui. » — Quoiqu'il en soit, il nous a confié le dépôt sacré de la saine doctrine, et nous le garderons avec soin par le Saint-Esprit. En toute nation, celui qui craint Dieu et qui s'adonne à la justice, lui est agréable ; mais c'est un grand privilège d'avoir « l'intelligence du mystère de Christ ». Malgré ce privilège, dont nous jouissons comme église, nous sommes encore dans une grande faiblesse extérieure. Cela tient, sans doute, à l'opposition faite par le grand nombre à la parole de *la justice*. Manger la chair de Christ et boire son sang, répugne au cœur de l'homme. Mais nous ne perdons pas courage, car nous savons que la « petite famille » doit croître jusqu'à mille, et la moindre, devenir une nation puissante. L'Eternel qui l'a promis, le fera en son temps.

Nos réunions de cette semaine ont fortifié notre espérance à cet égard. En contemplant le noyau des âmes droites, qui en font la valeur, nous nous réjouissions à la pensée que d'autres âmes fidèles en grossiront le nombre, et, qu'ainsi, se réalisera cette prophétie d'Esaïe : « Elargis le lieu de ta tente, qu'on étende les rideaux de tes pavillons, allonge tes cordages, fais tenir ferme tes pieux ; car tu te répandras à droite et à gauche ; ta postérité possédera les nations et fera habiter les villes désertes. »

Je ne saurais assez bénir Dieu, chers amis, pour l'œuvre excellente déjà accomplie. Je le remercie tout particulièrement, de ce que ma chère fille Coraly a choisi « la bonne part. » Comme je lui en parlais, ces jours-ci, elle me répondit, avec un vif accent de gratitude : « Dieu a exaucé vos prières! » Oui, Dieu les a merveilleusement exaucées ; et je ne puis qu'encourager à suivre ses traces, les âmes qui ont hésité jusqu'ici à s'abandonner au Seigneur.

Tant qu'on ne peut pas dire : « Je ne vis plus, moi, mais Christ vit en moi », on est sujet à des alternatives de joie et de tristesse ; on s'engage bien avec Dieu, mais quand les tentations surviennent, on succombe, parce que l'on comptait sur ses propres forces. Christ visite nos âmes, puis il se retire ; les serviteurs de Dieu aussi, ne sont pas toujours là pour les soutenir, et elles cèdent, alors, aux suggestions de l'ennemi. Il n'en est plus ainsi, quand Christ vit en elles. Elles triomphent alors par lui, comme il a triomphé lui-même.

Chers amis, soyez tous bien persuadés que Jésus peut et veut vous sauver parfaitement. Que chacun se dise : C'est à cause de moi, et pour moi, qu'il est mort et ressuscité ; mon âme seule eût-elle été rebelle, il n'aurait pas hésité à accomplir pour elle son sacrifice expiatoire.

Vous, chères âmes encore inconverties, laissez-vous convaincre de l'amour de Dieu par celui que vous témoignent vos pasteurs, par l'exemple qu'ils vous donnent. Convertissez-vous, et vous verrez la différence qu'il y a entre celui qui sert Dieu, et celui qui ne le sert pas. Nous avons parlé, à plusieurs reprises, ces derniers jours, de la conversion de Saul de Tarse, qui, de violent persécuteur, devint un si fidèle disciple du Crucifié. Ce que Dieu a fait en cet homme, il peut le faire en d'autres. Tous ne sont pas appelés à être apôtres ou prophètes, mais tous, — nous ne nous lasserons pas de le répéter, — peuvent passer de la mort à la vie, du royaume de Satan à celui de Dieu. Sous l'action bienfaisante du Saint-Esprit, on peut faire de grandes choses, témoin les Galates, qui, dans la ferveur de leur premier amour, se seraient arrachés les yeux pour les donner à Paul, affligé d'une pénible écharde ; mais, séduits par de faux docteurs, ils finissaient par la chair.

Dieu réserve pour ceux qui sont *droits*, un état permanent, et il est le bouclier de ceux qui marchent en intégrité, pour suivre les sentiers de la justice. — Prov. II, 7-8. — C'est donc la création d'un cœur *droit*, qu'il faut désirer avant tout, c'est-à-dire la création en nous de l'amour parfait. Cet amour ne se manifeste pas toujours par de puissantes impressions ; mais il est toujours agissant, aussi bien pendant les heures de dépouillement, qu'aux jours des arrosements les plus abondants. Telle est une mère à l'égard de ses enfants ; elle n'éprouve pas toujours, d'une ma-

nière sensible, la profonde affection qu'elle a pour
eux ; mais, au moindre danger qui les menace, tout
son être s'émeut ; elle accourt, tendre et anxieuse,
auprès des objets de son affection.

Mes bien-aimés, l'heure de la séparation est là ;
plusieurs d'entre vous n'auront pu faire entendre leur
voix au milieu de l'assemblée, mais si vous avez prié
dans vos cœurs, vous n'avez été privés d'aucun des
bienfaits de la grâce.

Que Dieu nous soit encore favorable cet après-
midi. Je ne saurais assez le bénir pour le renouvellement de forces, qu'il accorde à mon frère bien-
aimé, notre cher doyen ; puisse-t-il être conservé longtemps encore à sa grande tâche, et amener de l'Orient
et de l'Occident, du Septentrion et du Midi, des pierres vives, taillées dans l'ombre, pour entrer dans la
structure du saint édifice.

Qu'Il est doux, Seigneur, de ne vivre
Que pour ta gloire et ton honneur ;
Qu'il est doux, Seigneur, de te suivre
Dans les sentiers du vrai bonheur.
L'âme qui vit en ta loi sainte,
Ne désire plus d'autre bien.
L'amour parfait bannit la crainte,
Aussi, ne craint elle plus rien.

Culte de l'après-midi

C'est avec une nouvelle puissance d'Esprit-Saint que M. Edouard Kruger a présidé le dernier culte du « dernier et grand jour de la fête ! » Après la lecture du Chapitre XII° aux Romains, et le chant du cantique 243°, il s'est exprimé à peu près en ces termes :

Mes bien-aimés, si quelque esprit mal disposé s'était trouvé au milieu de nous ces derniers jours, il aurait pu lui sembler que nous prêchons Mme Armengaud ; mais vous savez qu'il n'en est rien. Si la mémoire de cette sainte femme est bénie pour nous, c'est uniquement parce que, ayant connu elle-même le Sauveur d'une manière si parfaite, elle nous a appris à le connaître et à l'aimer. « Ce qui me distingue de mes adversaires, disait-elle, c'est que je pratique les choses que j'enseigne, tandis qu'ils disent et ne font pas. Je vous dis : *Croyez,* parce que *je crois; aimez,* parce que *j'aime.* C'est là ce qui constitue le caractère apostolique; la Parole de Vie *est vie* en moi. »

A mon tour, chers amis, je puis dire, en vérité, à la gloire de Celui qui fait toutes choses en tous, que je parle parce que j'ai cru. Justifié par la foi, sanctifié par l'Esprit, j'expérimente quelle est la puissance que Dieu accomplit dans notre faiblesse, la vertu qu'Il déploie dans notre infirmité. Si je suis disciple de Coraly Hinsch, c'est qu'elle trouvait tout son bonheur à parler de Celui qui nous a été fait de la part de Dieu : « sagesse, justice, sanctification et rédemption. » C'est ce que pourrait confirmer la doyenne de nos églises, la chère Mme Combernoux, du Vigan, qui, malgré ses quatre-vingt-cinq ans, a répondu avec joie à notre invitation. Qu'elle me permette de lui rappeler ici, au milieu de cette imposante assemblée, le vœu que je lui exprimai il y a quelque temps, savoir, qu'elle termine ses jours avec la même sérénité que notre vénérable amie, Mme Pastre, de bien heureuse mémoire.

La présence de notre frère Rigal, sourd et presque aveugle, nous est également précieuse, car il est dans une étroite communion d'esprit avec nous. Nous le croyions en Algérie, aussi ne l'avions-nous pas invité ; mais ayant appris providentiellement que nous étions réunis, il s'est empressé de se rendre à Nimes, accompagné par une de nos sœurs d'Anduze.

Elevons nos âmes à Dieu.

Père céleste, tous tes bienfaits sont sur nous. Nous te bénissons pour les dons de ton amour, surtout pour le don ineffable duquel découlent tous les autres, celui de ton Fils bien-aimé.

Lorsque nous n'étions que pécheurs, Christ est mort pour nous. Il a porté nos douleurs, et Il s'est chargé véritablement de nos langueurs. Quel amour, Père céleste, ne nous as tu pas manifesté dès les temps éternels, lorsque tu nous créas pour participer à ton bonheur ! Quel mystère que celui de la chute totale, universelle, des hommes et des anges ! Il n'y a point de justes, non pas même un seul ; nous nous sommes tous égarés pour suivre chacun son propre chemin. Quel mystère que celui de la rédemption par le sang de la divine victime ! Pour si bien que nous en parlions, c'est toujours imparfaitement.

Nous étions tous insensés, assujettis à toutes sortes de passions et de voluptés, vivant dans la malice et dans l'envie, dignes d'être haïs, et nous haïssant les uns les autres : mais, ô notre Dieu, lorsque ta bonté envers les hommes a été manifestée, tu nous as sauvés, non à cause de nos œuvres de justice, mais selon ta miséricorde, par le baptême de la régénération, et le renouvellement du Saint-Esprit. Aussi ne voulons-nous savoir autre chose que Jésus-Christ. et Jésus-Christ crucifié, folie aux Juifs, scandale aux Grecs, mais puissance de Dieu pour le salut de tous ceux qui croient !

O mon Dieu, je me dépouille à cette heure devant toi de tout sujet de gloire ; je dépose à tes pieds les bénédictions précieuses que j'ai reçues de ta main ; les différents dons que tu m'as accordés ; le bien que j'ai pu faire en ton Nom. Je me dépouille afin d'être revêtu de toi, de ta justice sainte, de ta vertu divine, de ta glorieuse puissance. Je mets aussi à tes pieds, Rédempteur adorable, mes sujets d'humiliation, ceux que je connais et ceux que j'ignore, en te disant du fond de mon cœur : « Pardonne-moi comme je pardonne à ceux qui m'ont offensé ! » Seigneur, ton regard est sur nous ; demeure avec nous dès maintenant et à toujours. Amen.

Après cette prière de reconnaissance et d'humiliation, M. Kruger lut les versets de l'Ecriture Sainte inscrits, en 1882, sur la Bible offerte à Mme Armengaud, à l'occasion du cinquantenaire de son ministère pastoral :

Je bénirai ceux qui te béniront, je maudirai ceux qui te maudiront. Genèse XII, 3.

Ceux qui croient seront bénis avec Abraham qui a cru. Gal. III, 9.

Ce qui se dit de toi, cité de Dieu, sont des des choses glorieuses. Ps. LXXXVI, 3.

Si je t'oublie, que ma droite s'oublie elle-même. Ps. CXXXVII, 5.

La Jérusalem d'en haut est libre et c'est la mère de nous tous. Galates IV, 26.

Les paroles du Ps. LXXXVI servirent de texte à une substantielle prédication dont voici un faible résumé :

Les choses glorieuses qui se disent de la cité de Dieu ne sont pas toujours glorieuses aux yeux des hommes qui regardent, non au cœur mais à l'apparence.

Ce fut aux yeux de Dieu seul que la veuve de Jérusalem fit une chose glorieuse en déposant dans le tronc de l'Eternel, deux pites, tout ce qui lui restait pour vivre !

Il en fut de même de la veuve de Sarepta, qui obéit au prophète Elie, en qui elle avait discerné un homme de Dieu, quoiqu'il n'eût fait devant-elle aucun miracle. — Elle avait pour toute fortune un peu d'huile et un peu de farine, et elle n'hésita pas à en faire un « gâteau » pour le prophète, avant d'en faire un pour elle et pour son fils ; elle crut à cette promesse : « L'huile et la farine ne manqueront pas jusqu'à ce que l'Eternel donne de la pluie à la terre. » I Rois, XVII.

Il serait facile de citer d'autres exemples de cette nature, mais je dois me restreindre. Je rappellerai seulement encore l'expérience de trois serviteurs de Dieu qui occupent une place importante dans l'histoire religieuse : Noé, Abraham, Isaac.

Noé construisit l'arche pour le salut de sa famille; Abraham se disposa, pour obéir à Dieu, à immoler son fils unique ; Isaac se laissa lier par son père et coucher sur l'autel. Ces hommes, admirables dans leur foi, n'accomplissaient cependant rien de glorieux aux yeux de leurs contemporains. Aujourd'hui encore, on rencontre des chrétiens qui ne croient pas que l'Eternel ait commandé à Abraham de lui offrir en sacrifice le fils bien-aimé à l'égard duquel il lui avait fait de si grandes promesses. Ne comprenant pas le but de cet appel extraordinaire, ils le déclarent indigne de Dieu ! C'est, du reste, ce que l'on fait pour un grand nombre d'autres précieux récits bibliques que l'on se permet de corriger ou d'effacer du Saint-Livre, au nom d'une raison obscurcie par le péché, d'une « science faussement ainsi nommée. » On s'élève ainsi au-dessus de Jésus-Christ et des apôtres, qui ont toujours fait appel au témoignage de l'Ancien Testament avec une plénitude de confiance.

Jésus a bien donné une loi supérieure à celle de Moïse, mais il n'a pas condamné l'œuvre de Moïse. Il a abrogé, par exemple, pour le chrétien, la loi du divorce, sauf le cas d'adultère, mais il a reconnu la légitimité de cette loi donnée à cause de la « dureté du cœur de l'homme. » Il a commandé à ses disciples d'aimer leurs ennemis au lieu de les haïr, comme l'ordonnait l'ancienne loi, mais il n'a nullement arrêté le cours de la justice divine, puisqu'il a lui-même exercé cette justice avec la plus grande sévérité, lorsqu'il a déclaré aux « pharisiens hypocrites, » qu'ils seraient jetés dans les « ténèbres du dehors, où il y a des pleurs et des grincements de dents! » Ce qu'il a abrogé, c'est l'emploi des armes charnelles dans la lutte contre les adversaires, comme Il a aboli les châtiments corporels qu'encouraient, même les élus, s'ils se rendaient coupables de fautes graves. Sous Moïse, une femme adultère comme celle dont nous parle l'Evangile (Jean VIII), aurait été lapidée, malgré la repentance sincère qui lui aurait ouvert le cœur de Dieu. Depuis Jésus-Christ, le pardon est assuré au plus grand pécheur, sans qu'il ait à subir de punition corporelle, mais non sans les douleurs d'un vif repentir, éprouvé quelquefois à travers l'amertume de rudes épreuves.

Du reste, par la haine des ennemis enseignée sous l'ancienne alliance, il faut bien se garder d'entendre cette haine pleine de malice qui caractérise les méchants et qui a toujours été condamnée. C'était le mal qu'il fallait haïr et frapper dans les coupables, mais sans échapper à la loi de la charité, comme le fait Dieu lui-même quand Il châtie directement les hommes. « Lorsque tu marcheras en armes contre tes ennemis, dit l'Eternel à son peuple, garde-toi de toute chose mauvaise. » — Deutéronome XXIII, 9. — La colère qui poussa Siméon et Lévi à tuer les Sichémites à cause de l'outrage fait à leur sœur, fut maudite par Jacob mourant, parce qu'elle avait été violente. « Siméon et Lévi sont frères. Leurs glaives sont des instruments de violence. Que mon âme n'entre point dans leur conseil, que ma gloire ne se joigne point à leur assemblée, car dans *leur* colère ils ont tué des hommes, et dans *leur* caprice ils ont coupé les jarrets des taureaux. Maudite soit *leur* colère, car elle fut violente ! Je les diviserai en Jacob et les disperserai en Israël. » Genèse XLIX.

Sous le règne des ombres et des figures, comme sous le règne du Saint-Esprit, « la colère de l'homme n'a jamais accompli la justice de Dieu. » Jacques I, 20. Quand le roi David arma quatre cents hommes pour monter avec lui contre la maison du méchant Nabal et la détruire, il obéit, non au commandement de Dieu, mais à l'ardeur de son caractère ; aussi fut-il empêché d'accomplir son dessein par la parole d'Abigaïl, femme remplie d'humilité et de sagesse !

Nous sommes heureux, chers amis, d'être du nombre de ceux qui s'appliquent à discerner l'accord qui existe entre l'Ancien et le Nouveau Testament, comme l'a si bien établi Jésus-Christ, notre divin Maître, qui expliquait même ce qui concernait sa propre personne et son œuvre rédemptrice par la loi, les psaumes et les prophètes. Luc XXIV. C'est aussi par ce qui *est écrit* qu'il a toujours triomphé des tentations de Satan. Les apôtres, à leur tour, dans leurs discours et leurs écrits, n'ont cessé d'en appeler à l'autorité des Saintes Ecritures. L'Eglise est un édifice bâti sur le fondement des *apôtres et des prophètes,* Jésus-Christ lui-même étant la pierre de l'angle ! Eph. ii, 19, 20.

Les différences sensibles de forme entre les deux Testaments, ne les séparent point. Ensemble ils constituent le Livre-Saint. L'un et l'autre nous révèlent un Dieu souverainement juste, miséricordieux et tout-puissant. Ils renferment tour à tour les paroles de la plus sévère justice et les accents du plus tendre amour :

« Maudit est l'homme qui se confie en l'homme, qui de la chair fait son bras et duquel le cœur se retire de l'Eternel. » Jérémie xvii, 5.

« Prendrais-je en aucune façon plaisir à la mort du méchant, dit le Seigneur, l'Eternel, et non pas plutôt à ce qu'il se détourne de son train, et qu'il vive ? » Ezéchiel xviii, 23.

« L'indignation et la colère seront sur ceux qui sont contentieux et rebelles à la vérité, et qui obéissent à l'injustice. L'affliction et l'angoisse sur tout homme qui fait le mal. Mais la gloire, l'honneur et la paix seront sur tout homme qui fait le bien. » Rom. ii, 8, 10.

« C'est une chose terrible que de tomber entre les mains du Dieu vivant. » Hébr. x, 31.

« Celui qui croit au Fils a la vie éternelle ; celui qui ne croit pas au Fils ne verra point la vie, mais la colère de Dieu demeure sur lui. » Jean iii, 36.

« Il y aura une condamnation sans miséricorde sur celui qui n'aura point usé de miséricorde ; mais la miséricorde s'élève par dessus la condamnation. » Jacq. II, 13.

Mes Bien-aimés ! Puisque nous avons l'immense privilége de posséder dans leur intégrité les oracles de Dieu, faisons-en avec soin notre étude journalière, suppliant notre Père de nous en donner une intelligence toujours plus parfaite, et de nous rendre capables d'y conformer notre vie, afin qu'il soit dit de nous tous que, citoyens de la Jérusalem d'en haut, nons accomplissons aux yeux de Dieu, par la vertu de son Esprit, des choses glorieuses dont la plus grande est l'amour parfait qui bannit la crainte.

Nourrissons-nous de la chair de Christ, abreuvons-nous de son sang afin que Dieu puisse se nourrir de nous, c'est-à-dire des sentiments purs qu'il aura formés dans nos cœurs : « Voici, je me tiens à la porte et je frappe, a dit le Seigneur, si quelqu'un entend ma voix et m'ouvre la porte, j'entrerai chez lui ; *je souperai avec lui, et lui avec moi.* » Apoc. III, 20.

Qu'on n'entende plus parmi nous des prières terre à terre et languissantes, des gémissements stériles. Que chacun renonce à toute fraude, à toute arrière-pensée ; qu'il n'y ait plus de faux calculs, de recherche de la vaine gloire. Mais que l'ornement de tous soit la droiture, l'humilité et la confiance. Alors les miracles et les prodiges d'autrefois se renouvelleront avec puissance. De grandes promesses sont faites aux hommes, sans fraude ; leurs prières sont toujours entendues !

Une grande cause de faiblesse pour plusieurs se trouve dans la négligence de la prière secrète, et cette négligence elle-même vient de l'indécision à l'égard du renoncement complet au péché ; aussi leurs prières publiques, remplies d'hésitations, de tâtonnements, de tristesse, n'édifient-elles pas l'assemblée. Qu'il n'en soit plus ainsi, mes frères. Apprenez tous à connaître les combats de la foi, pendant les veilles de la nuit comme pendant les heures du jour, pour obtenir les richesses infinies de notre glorieux héritage.

Laissez-vous encourager par la pensée que vous n'êtes pas seuls à combattre contre l'ennemi puissant et redoutable qui s'appelle le diable, père du mensonge, dieu de ce siècle, prince de la puissance de l'air. Vous avez pour vous les légions invisibles du Tout-Puissant. C'est par milliers et par milliers redoublés que les esprits bienheureux vous entourent. L'Eglise glorifiée et l'Eglise militante, unies à leur Epoux céleste, travaillent aussi à vous enfanter à l'*Evangile*, vous rappelant que pour entrer dans le royaume des cieux il faut naître d'eau et d'Esprit-Saint. Les eaux de la grâce nous nettoient de toutes nos œuvres impures ; l'Esprit-Saint détruit tout germe mauvais et nous rend participants de la justice et de la gloire divines.

Ne soyez pas effrayés à la vue du grand travail

imposé aux âmes qui sont dans ce glorieux état, car Dieu ne les livre pas à leurs propres forces. C'est lui qui leur inspire les requêtes, les prières, les supplications et les actions de grâces qu'elles doivent lui adresser pour tous les hommes ; pour les chefs d'Etat, pour tous ceux qui sont constitués en dignité, afin que nous menions une vie paisible et tranquille, en toute piété, en toute honnêteté. I Tim. II, 1-3. C'est lui qui les dirige et les soutient auprès des pécheurs endormis pour les réveiller à salut ; des pécheurs repentants pour les encourager ; des malades pour les soutenir ; des orphelins et des veuves pour les consoler ou les recueillir. C'est lui qui les rend capables de pleurer avec ceux qui pleurent et de se réjouir avec ceux qui sont dans la joie ; qui leur facilite les plus grands sacrifices : vendre ses biens pour subvenir aux besoins des pauvres ; ne pas rendre les derniers devoirs à un père défunt ; ne pas prendre congé des membres de sa famille ; supporter les plus douloureuses persécutions.

Prenez donc courage, chers amis, et hâtez-vous de venir prendre rang parmi les âmes qui suivent l'Agneau *quelque part qu'il aille*. Si, à l'ouïe d'un tel appel, vous vous sentez tristes, oh ! que ce soit comme le jeune homme riche dont nous parle l'Evangile et dont la tristesse fut causée moins par le renoncement aux biens matériels, que par le dépouillement de toute propre justice, la mort de la vieille nature. Il lui en coûtait certes beaucoup de renoncer aux avantages, aux douceurs de la fortune, de faire, en quelque sorte, vœu de pauvreté ; mais il lui était plus difficile encore d'abandonner toute volonté propre, toute indépendance, l'approbation du monde et de sa famille, pour s'attacher à « l'*Homme de douleur* » dont on ne faisait « *aucun cas* ! » Esaïe LIII. Aussi, malgré son hésitation à répondre : « Me voici! », Jésus l'*aima*, parce qu'il discerna en lui une droiture qui triompherait de toute difficulté.

L'état moral de ce jeune homme n'avait rien de commun avec celui des disciples qui abandonnèrent Jésus, parce qu'ils trouvèrent *dur* de manger sa chair et de boire son sang pour avoir la vie éternelle. Sa tristesse le conduisit à « la repentance à *salut* dont on ne se repent jamais. » Qu'il en soit ainsi pour vous, chers amis, que *la loi royale* afflige, mais ne révolte pas. Elle vous afflige parce que tout en la trouvant juste, vous éprouvez encore de la peine à vous soumettre ; ou parce que, décidés à obéir, vous ne trouvez pas en vous-même la force de le faire.

Cette dernière disposition rappelle le combat moral exprimé dans le chapitre sept de l'épître aux Romains, où l'apôtre dépeint d'une manière saisissante les perfections de la loi divine et l'impuissance absolue de l'homme à mettre cette loi en pratique. « Le commandement est saint, juste et bon, dit l'homme réveillé dans sa conscience par l'Esprit de vérité ; mais moi je suis charnel, *vendu au péché*. Quand je veux faire le bien, le mal est attaché à moi. »

Cet état pénible dure jusqu'au moment où l'âme oppressée s'écrie : « Misérable que je suis, qui me délivrera du corps de cette mort ! » Elle expérimente alors, à sa grande joie, que la délivrance est en Dieu par Jésus-Christ ! Et quelle délivrance ! « Il n'y a maintenant *aucune condamnation* pour ceux qui sont *en Jésus-Christ*, qui marchent non selon la chair, mais selon l'Esprit ; car la loi de l'Esprit de vie, qui est *en Jésus-Christ*, nous affranchit de la loi du péché et de la mort. » Rom. VIII. Dans les épitres aux Galates et aux Ephésiens, l'apôtre exhorte les fidèles à se *revêtir* du Seigneur Jésus-Christ. Ici il décrit le glorieux état de ceux qui sont *en Christ*. Se revêtir de Christ ou être en Christ, c'est certainement la même chose ; mais plusieurs interprètes en jugent autrement. Ils préfèrent l'expression *se revêtir* parce qu'à leurs yeux elle ne sous-entend pas le dépouillement complet des vieux haillons du péché. Nous avons même entendu comparer le fidèle à une table vermoulue recouverte d'un beau tapis ! Loin de nous un tel enseignement. S'il était fondé, où donc serait la régénération ? De même qu'on ne met pas du vin nouveau dans de vieux vaisseaux, de même nul ne peut se revêtir du Seigneur ou devenir une même plante avec lui, s'il n'a auparavant jeté toutes ses idoles « aux taupes et aux chauves-souris. » Esaïe II, 20.

Déjà la simple justification par *la foi* est une amélioration réelle. Lorsque l'homme dort dans sa souillure, il n'a aucun sentiment de la loi de Dieu, et reste, par conséquent, étranger à tout repentir, à tout désir de bien faire. Réveillé, il se reconnaît coupable, et demande grâce ; grâce lui est faite, et l'Esprit qui lui en rend témoignage lui inspire l'amour du bien, la haine du mal. Ce n'est pas encore la délivrance ; mais c'est la lutte, et un acheminement vers la victoire. Sous l'épreuve, en butte à la contradiction, affligé par la médisance ou la calomnie, l'homme justifié peut être troublé, découragé, froissé, enclin à la vengeance ; mais, saisi par l'Esprit Saint, il s'humilie, il s'incline et se dispose à pardonner ceux qui l'ont offensé, sentant combien il a besoin lui même de pardon. Cette grâce renouvelée le met à l'abri de la condamnation ; mais elle ne lui assure pas une entrée abondante dans le royaume éternel de notre Seigneur et Sauveur Jésus-Christ. II Pierre, I. 11. — C'est *un don* de Dieu ; mais ce n'est pas *le don de la vie éternelle*, c'est-à dire de la propre vie de Dieu que Jésus est venu apporter à ses brebis et qu'Il leur donne même avec abondance. L'âme justifiée possède bien déjà une vie impérissable puisque, assise sur le fondement qui est Christ, elle est assurée d'échapper à la perdition ; mais elle ne jouit pas d'une santé florissante ; elle est encore plus ou moins infirme et souffrante. Sa sincérité ne lui permet pas d'être satisfaite par la pensée que Christ est saint pour elle ; elle désire posséder cette sainteté. — Quand sous l'action d'une bénédiction nouvelle, le mal semble avoir disparu, elle est soulagée, et reprend courage ; mais entraînée par de nouvelles tentations, elle est de nouveau troublée et angoissée. Cet état de hauts et de bas, dure souvent jusqu'à la fin de l'existence terrestre : s'il ne cesse pas avant la dernière heure, il devra cesser de l'autre côté de la tombe, car pour entrer dans le royaume des cieux, il faut *naître d'eau* et d'*Esprit-Saint*.

Jean baptisait dans les eaux du Jourdain, pour la rémission des péchés, ceux qui venaient à lui « *confessant leurs péchés.* » Aux autres, il disait : « Race de vipères, qui vous a appris à fuir la colère venir, *faites donc des fruits qui conviennent à la repentance.* Marc, 1, 4. Mais il annonçait à ses disciples une œuvre plus excellente que celle du pardon. « Pour moi, leur disait-il, je vous baptise d'eau en signe de repentance, mais celui qui vient après moi est plus puissant que moi, et je ne suis pas digne de porter ses souliers ; celui-là vous baptisera du *Saint-Esprit et de feu.* Il a son van en sa main ; *il nettoiera entièrement son aire,* et il assemblera *son froment* au grenier ; mais il brûlera la paille au feu qui ne s'éteint pas. » Matth. III, 11.

Aujourd'hui on demande beaucoup, dans les églises, une nouvelle effusion du St-Esprit ; mais on n'insiste pas suffisamment sur les conditions à remplir pour recevoir cette grâce. Ces conditions sont cependant clairement indiquées dans les Ecritures, comme le sont celles du baptême d'eau, figure de la justification. Par exemple : Quand l'eunuque éthiopien, instruit par Philippe, lui demande : « Qu'est-ce qui empêche que je ne sois baptisé ? » l'évangeliste lui dit : « *Si tu crois de tout ton cœur, cela t'est permis.*» « Je crois que Jésus-Christ est le Fils de Dieu,» répond l'eunuque. Alors Philippe le baptise, et après être sorti de l'eau, il continue son chemin plein de joie dans le sentiment de sa réconciliation avec Dieu. Actes VIII. — Quand le centenier Corneille ouvre sa maison à l'apôtre Pierre, il est prêt à recevoir le Saint-Esprit, grâce à sa profonde humilité et à sa parfaite obéissance : « Nous voici tous maintenant présents *devant Dieu* pour entendre *ce que Dieu t'a commandé de nous dire !* » C'est ce qui donne une grande liberté à l'Apôtre pour parler de la mort et de la résurrection du Sauveur. La semence de vie qu'il répand tombe dans un terrain bien préparé, dans des « cœurs honnêtes et bons, » et pendant qu'il parle encore le Saint-Esprit descend sur Corneille et sur les siens qui, au grand étonnement des fidèles circoncis, glorifient Dieu en diverses langues.

Vous le voyez, chers amis, c'est en faveur de l'âme humble et soumise que se réalise « *la promesse de la vie.* » Toute l'Ecriture Sainte nous l'enseigne : « L'obéissance vaut mieux que le sacrifice, et se rendre attentif vaut mieux que la graisse de moutons, » disait Samuel à Saül. I Sam. xv, 22. — « Si vous obéissez volontairement, vous mangerez *le meilleur du pays*, » écrivait Esaïe, 1, 19. —

« Que veux-tu que je fasse, » s'écrie Saul, le persécuteur terrassé par Jésus-Christ. Cette simple parole suffit pour lui ouvrir les canaux des cieux, selon cette sublime promesse : « Apportez toutes les dîmes aux lieux ordonnés pour les garder, et qu'il y ait provision dans ma maison ; et dès maintenant éprouvez-moi en ceci, a dit l'Eternel des armées, si je ne vous ouvre les canaux des cieux, et si je ne répands sur vous la bénédiction, en sorte que vous n'y pourrez point suffire. » Malach. III, 10.

La foi humble et la prière persévérante des *cent vingt* disciples réunis dans la Chambre haute, après l'ascension du Sauveur, furent récompensées par l'accomplissement de « *la promesse du Père !* » Il en fut de même pour les apôtres lorsque, au lieu d'être affaiblis par les « *grandes menaces,* » de leurs puissants adversaires, ils demandèrent à Dieu de leur donner une pleine hardiesse et d'étendre sa main afin que, par leur moyen, il se fît des guérisons, des miracles et des merveilles par le nom de son saint Fils Jésus ! Lorsqu'ils eurent prié, le lieu où ils étaient assemblés trembla ; ils furent tous remplis du Saint-Esprit, et ils annonçaient la parole de Dieu avec hardiesse. Actes II et IV.

Voilà, chers amis, nos modèles. Pour les suivre, croyons comme ils crurent. Ils sont arrivés graduellement, mais sûrement et pour toujours à cette foi à laquelle tout est possible. Si pendant le cours de leur ministère ils ont pu broncher, jamais ils n'ont varié dans leurs sentiments intimes. Rien n'a pu les

séparer de l'amour de Christ, ni l'affliction, ni l'an·
goisse, ni la persécution, ni la faim, ni la soif, ni le
péril, ni l'épée. Rom. VIII. — Ils pouvaient s'appliquer
ce ferme témoignage : « Mes brebis entendent ma
voix ; je les connais, et elles me suivent Je leur
donne la vie éternelle, elles ne périront *jamais* ;
nul ne les ravira de ma main. Mon Père, qui me
les a données est plus grand qne tous ; et personne
ne les peut ravir de la main de mon Père. » Jean, x.
Unis à Jésus et par Jésus au Père, ils répan-
daient en tous lieux « la bonne odeur de Christ, »
selon sa promesse : « Celui qui croit en moi, des
fleuves d'eau vive couleront de lui. » Or, Jésus
disait cela « de l'Esprit que devaient recevoir ceux
qui croiraient en Lui ; car le Saint-Esprit n'avait
pas encore été donné, parce que Jésus n'était pas
encore glorifié. » Jean XIV, 38-39.

Comme il fallait que Christ mourût pour l'expia-
tion de nos péchés et ressuscitât pour notre justification, il fallait aussi qu'il fût glorifié pour que
nous reçussions son Esprit, divin Consolateur
qui nous conduit en toute sagesse et en toute vérité,
et demeure éternellement avec nous.

« Je ne vous laisserai point orphelins, dit-il, *je
viendrai à vous, parce que je vis, vous vivrez
aussi.* » Or, le Fils ne faisant *qu'un* avec le Père,
c'est aussi l'Esprit du Père qui repose sur les élus
comme il reposa sur Jésus pendant les jours de sa
chair.

« Si quelqu'un *m'aime*, dit encore le Seigneur, il

gardera ma parole, *et mon Père l'aimera*, et NOUS viendrons à lui et NOUS ferons notre demeure chez lui. En ce jour-là, vous connaîtrez que je suis en mon Père, et vous en moi, et moi en vous. » Jean, XIV.

Nul ne peut garder la parole de Jésus, s'il ne l'aime en vérité ; or, un cœur qui *aime Jésus* n'est plus mauvais ; c'est un cœur de *chair* qui a remplacé le cœur de *pierre* ; les choses vieilles sont passées, toutes choses sont faites nouvelles. » C'est d'une femme vierge de corps et d'esprit qu'est né le Fils de Dieu ; c'est d'une âme vierge qu'il fait son temple, son épouse! « Ce mystère est grand : Christ en nous, l'espérance de sa gloire ! »

L'amour pour Dieu comme la foi en Dieu, n'est pas une œuvre en dehors de nous ; c'est une création divine en nous, par laquelle nous nous élevons jusqu'à Dieu pour faire sa volonté : « Vous, mes bien-aimés, écrivait l'apôtre Jude, vous élevant vous-mêmes comme un édifice *snr votre très sainte foi*, et priant par le Saint-Esprit, conservez-vous dans l'amour de Dieu, attendant la miséricorde de notre Seigneur Jésus-Christ pour obtenir la Vie éternelle. » Et il ajoute : « Ayez pitié des uns, en usant de discernement, et sauvez les autres par la frayeur, comme les arrachant du feu, haïssant jusqu'au vêtement, qui a été souillé par la chair. »

Justifiés et sanctifiés par Christ, nous sommes ouvriers avec lui pour le salut de nos semblables. Rien de ce qui les concerne ne nous laisse indifférents. S'ils sont pauvres, abandonnés, malades, infirmes, nous faisons ce qui est en notre pouvoir pour les visiter, les secourir, et leur prouver ainsi autrement que par des paroles la réalité de notre piété; mais ce qui nous préoccupe surtout, c'est le bien de leur âme. S'ils sont riches, nous cherchons à leur faire comprendre que l'homme n'a pas la vie par ses biens; que les avares n'hériteront pas le royaume des cieux. S'ils se glorifient de leur jeunesse, de leur vigueur, nous leur rappelons que toute chair est comme l'herbe. Nous ne pouvons toujours les atteindre nous-mêmes; mais nous pouvons demander à Dieu de les atteindre, lui qui est admirable en conseil et magnifique en moyens. Esaïe XXVIII.

Chers amis, tel est le « Christianisme social » déjà dépeint dans l'ancien Testament sous les couleurs les plus vives et pratiqué par tous ceux qui, comme Abraham, voyaient par la foi le jour de Christ et s'en réjouissaient. « Est-ce là le jeûne que j'ai choisi, dit l'Eternel, que l'homme afflige son âme un jour ? Est-ce en courbant sa tête comme un jonc, et en étendant le sac et la cendre ? appelleras-tu cela un jeûne et un jour agréable à l'Eternel ? N'est-ce pas plutôt ici le jeûne que j'ai choisi, que tu dénoues les liens de la méchanceté, que tu délies les liens du joug, que tu laisses aller libres ceux qui sont foulés, et que vous brisiez tout joug ? N'est-ce pas que tu rompes de ton pain à celui qui a faim, et que tu fasses venir dans ta maison les affligés qui vont errant ; que, quand tu vois celui qui est nu, tu le couvres et que tu ne te caches point de ta propre chair ? Alors ta lumière éclora comme l'aube du

jour, et ta guérison germera incontinent, ta justice
ira devant toi, et la gloire de l'Eternel sera ton
arrière-garde. Esaïe LVIII.

Cette parole, que notre adorable Sauveur avait
inspirée lui-même du haut du ciel à son prophète, il
l'a confirmée sur la terre lorsqu'il a promis l'héritage
du royaume à ceux dont la foi est agissante par la
charité : « Venez, vous qui êtes bénis de mon Père ;
car j'ai eu faim et vous m'avez donné à manger ;
j'ai eu soif et vous m'avez donné à boire ; j'étais
étranger et vous m'avez recueilli ; j'étais nu et vous
m'avez vêtu ; j'étais en prison, et vous m'êtes venus
voir. » Matth. XXV.

Tressaillez de joie devant le Seigneur, vous, chers
amis, qui suivez ou qui voulez suivre cette voie
excellente de là « sacrificature royale. » Avec les
fidèles de la primitive Eglise, dites : « Nous nous
conduisons comme des *bourgeois des cieux*, d'où
nous attendons aussi le Sauveur, le Seigneur Jésus-
Christ, qui transformera le corps de notre humiliation pour le rendre conforme au corps de sa gloire,
selon le pouvoir qu'il a de s'assujettir toutes choses, »
Philip. III 20-21.

Les premiers chrétiens et les justes de l'ancienne
économie qui, eux aussi, attendaient, *sous l'autel*,
leur délivrance,[1] ne virent se réaliser leur attente à
cet égard qu'après la ruine de Jérusalem, car c'était
à ce moment que devaient avoir lieu les noces de
l'Agneau,[2] selon cette promesse : « Il y a plusieurs

[1] Apoc. VI. [2] Apoc. XIX, 7-8.

demeures dans la maison de mon Père ; si cela n'était pas, je vous l'aurais dit. Je vais vous préparer une place. Et quand je serai parti, et que je vous aurai préparé une place, *je reviendrai et vous prendrai avec moi, afin qu'où je serai, vous y soyez aussi.* Et vous savez où je vais (au Père !) et vous en savez le chemin. » Jean XIV, 2-4.

Ce retour du Sauveur, glorieux pour les justes, terrible pour les méchants, est clairement annoncé dans un grand nombre d'autres textes du Nouveau-Testament. J'en indiquerai seulement quelques uns.

Dans la parabole des vignerons infidèles, appliquée aux pharisiens hypocrites, principaux sacrificateurs, Jésus annonce qu'*il viendra* pour faire périr ces vignerons et donner la vigne à d'autres Marc XII, 9.

Aux apôtres appelés à annoncer le royaume des cieux aux brebis perdues de la maison d'Israël, il dit : Quand ils vous persécuteront dans une ville, fuyez dans une autre. Vous n'aurez pas achevé de parcourir les villes d'Israël, *que le Fils de l'homme ne soit venu.* Matth. x, 23.

A ceux qui admirent les belles pierres et les beaux dons qui ornent le temple, il prédit la destruction complète de ce temple et tous les malheurs qui se relient à ce tragique évènement ; et il ajoute : « Alors on verra (pas de la terre !) venir le Fils de l'homme sur une nue avec une grande puissance et une grande gloire ! *En vérité cette génération ne passera point que toutes ces choses n'arrivent.* » Luc XXI.

Quand l'apôtre Pierre. mis en face du martyre par lequel il devait glorifier Dieu, demande quel sera le sort du disciple que Jésus aimait, Jésus lui répond : « Si je veux qu'il demeure jusqu'à ce *que je vienne*, que t'importe ? Toi, suis-moi. » Jean XXI. — Or, nous savons tous que Jean a survécu à la ruine de Jérusalem. C'est, du reste, ce qui a eu lieu pour plusieurs de ses contemporains. « Le Fils de l'Homme, a dit encore Jésus, doit venir dans la gloire de son Père avec ses anges ; et alors il rendra à chacun selon ses œuvres. En vérité, *il y en a quelques-uns de ceux qui sont ici présents qui ne mourront point qu'ils n'aient vu le Fils de l'homme venir en son règne.* » Matth. XVI, 27, 28.

Embarrassés pour expliquer ces paroles, quelques théologiens en sont venus à enseigner, ou que les écrivains sacrés ont mal rendu la pensée de Jésus, ou que Jésus s'est trompé !

Béni soit Dieu de ce que nous en avons compris le sens, malgré certains points encore obscurs. Nous croyons que c'est pour les justes de tous les temps qu'une place a été préparée dans les cieux à la droite du Fils de l'Homme glorifié. Par conséquent, à nous aussi, si nous sommes fidèles, il sera dit : « Venez les bénis de mon Père, possédez en héritage le royaume qui vous a été préparé dès la création du monde. »

A l'heure même du délogement, notre âme sanctifiée, revêtue « en un clin d'œil,[1] » de son corps céleste, entrera dans la gloire sans attendre le juge-

(1) Cor. XV, 52.

ment dernier! Soyons donc tous réellement fidèles en offrant nos corps en sacrifice vivant, saint et agréable à Dieu, ce qui est notre service raisonnable. Rom. XII.

C'est le vœu, qu'en terminant je forme pour moi-même et pour ceux que j'aime. Amen.

L'assemblée s'est retirée profondément recueillie après avoir chanté les strophes 3, 4, 5 et 6 du cantique 172.

C'est assez et trop se répandre
En long et vague espoir ;
Je veux te parler et t'entendre,
Te toucher et te voir.

Voilà le *seul* bien que j'envie,
Que j'implore, ô mon Roi !
Ne plus vivre que de ta vie,
Que par Toi, que pour toi.

Je veux brûler, mais de ta flamme,
Luire, mais de ton jour,
De ton âme animer mon âme,
Aimer de ton amour.

Jésus, par le sang efficace
Que tu versas pour nous,
Inonde mon cœur de ta grâce,
Sois mon céleste époux.

Une bonne réunion de prières, qui s'est prolongée de huit heures et demi jusqu'à minuit a terminé cette journée particulièrement sérieuse. Nous avons entendu Mmes Kellermann, Schlegel, E. Faysse,

S. Combernoux, Mlle T. Loup, S. Kruger et MM. Rigal, Pommier et Masseport.

« Non point à nous, Eternel! non point à nous, mais à ton nom donne gloire, pour l'amour de ta bonté, pour l'amour de ta vérité. » Ps. cxv, 1. Tu peux seul nous préserver de toute chute, et nous faire paraître sans tache et comblés de joie en ta glorieuse présence. A toi Dieu, vivant, seul sage et notre Sauveur, soient magnificence, force et puissance, maintenant et dans tous les siècles. Amen! Epître de Jude.

Lettre d'Actions de Grâces

Béni soit l'Eternel, le Dieu de nos pères. ESDRAS, VII, 27.
La terre est remplie de la bonté de l'Eternel. Ps. XXXIII, 5.

Nimes, le 1er Novembre 1901.

MES BIEN CHERS FRÈRES,

Je sens le besoin de vous remercier encore une fois pour l'empressement que vous avez mis à répondre à l'appel qui vous fut adressé au nom du Seigneur le 11 du mois dernier. Merci aussi pour la générosité avec laquelle la plupart d'entre vous ont accompli des sacrifices volontaires. Cet empressement et cette générosité ont déjà trouvé leur récompense dans les bénédictions abondantes dont vos âmes ont été arrosées pendant nos précieuses assemblées, et qui, nous l'espérons, laisseront des traces ineffaçables d'humilité, de foi, d'amour et d'obéissance dans le cœur de plusieurs. Nous en avons reçu de touchants témoignages.

Un ami nous écrit : « Ma femme et moi, nous avons reçu beaucoup de bien de ces assemblées solennelles. Nous sommes résolus à poursuivre avec persévérance le but que vous nous avez tout particulièrement montré, jusqu'à ce que nous l'ayons atteint. Vous nous avez aidés et vous nous aiderez dans nos combats, par vos prières. »

Une jeune mère de famille nous écrit de son côté : « Mon séjour à Nimes a été bien court, mais quelles journées inoubliables! Je désire qu'elles soient à jamais gravées dans mon cœur, et, en particulier, je veux faire mon profit de cette constatation, qui en a frappé un grand nombre, que la cause de notre froideur et de notre lenteur pour nous approcher de Dieu en public vient de ce que nous négligeons la prière secrète! »

Un de nos vénérables frères : « Le souvenir de nos précieuses assemblées ne s'effacera jamais de nos cœurs. Saluez tous nos amis et dites-leur que nos liens se sont resserrés et se resserreront de plus en plus pour marcher la main dans la main, et accomplir ainsi toute la volonté de Dieu. »

Une jeune sœur qui avait hésité jusqu'ici à *se donner entièrement* au Seigneur et à son œuvre, a rempli nos cœurs de joie en nous disant qu'elle était résolue maintenant à accepter l'appel de Dieu *quel qu'il soit !* Une autre nous déclarait aujourd'hui même que son choix est fait, celui de la « bonne part qui ne peut être ôtée. »

Citons encore quelques paroles d'une chrétienne

déjà ancienne dans la foi, mais dont la vie a été fortement agitée parce qu'elle n'a pas su comprendre le but des nombreuses épreuves par lesquelles le Seigneur l'a visitée. « Cher pasteur, écrit-elle, je veux aussi vous témoigner ma reconnaissance pour tout le bien que vous m'avez fait et vous demander pardon pour toute la peine que vous a occasionnée mon long sommeil. Par la grâce de Dieu, je veux à l'avenir, marcher en nouveauté de vie. L'ennemi de mon âme cherche bien à m'affaiblir, en me rappelant mes voies passées ; mais je sais que mon Sauveur, qui lui a écrasé la tête, est puissant pour me guérir et me fortifier... Jamais je n'avais compris tout ce qui m'a été acquis par Jésus-Christ, comme je l'ai fait pendant ces précieuses assemblées... Béni soit Dieu qui vous a inspiré la bonne idée de nous inviter à ce banquet spirituel. Le Saint-Esprit est vraiment descendu au milieu de nous pour nous humilier et nous relever... Priez pour moi, cher pasteur, afin que je sois rendue capable de persévérer dans la prière secrète, comme vous nous y avez si sérieusement exhortés. En assistant à nos réunions de prières, je me réjouissais pour vous, et pour tous vos compagnons d'œuvre, de ce que la vérité que notre chère Mère est venue remettre en lumière, était incarnée dans tant de cœurs, pratiquée, vécue. »

Un autre précieux résultat de ces assemblées générales se trouve dans la décision prise par nos amis C., de M. d'ouvrir définitivement leur maison pour le culte public que nous nous proposons d'y célébrer tous les quinze jours. Voici dans quel esprit ces amis ont agi :

« Cher pasteur, nous vous attendons dimanche. Que le Seigneur nous dispose Lui-même pour que les paroles de vérité qu'Il nous donnera d'entendre trouvent le chemin de nos cœurs, de telle manière que sa bénédiction repose abondamment sur nous et nos enfants! Il nous a été bon de nous réunir à Nimes avec nos frères! Le Dieu qui nous a bénis, nous bénira encore. »

Lundi matin, plusieurs de nos amis furent saisis par le verset du jour indiqué sur l'un de nos éphémérides bibliques : « Il nous faut faire une plus grande attention aux choses que nous avons entendues, de peur que nous ne les laissions écouler! » — Hébr. ii, 1. Ils virent là, avec raison, une direction providentielle; et ils formèrent le vœu de mettre désormais parfaitement en pratique la loi qui a été « épurée par sept fois. » — Ps. xii, 7.

Ce matin, à mon réveil, le Seigneur m'a remis en mémoire cette autre parole apostolique : « Portez les fardeaux les uns des autres et *accomplissez* ainsi *la loi de Jésus-Christ.* » — Gal tes, vi, 2.

Cette exhortation renferme en principe tout ce qui peut être dit sur la communauté chrétienne dont il a été si sérieusement parlé dans nos assemblées. Pour la mettre en pratique, il faut *aimer;* et pour aimer, il faut croire au Saint-Esprit et recevoir le Saint-Esprit. Que cette précieuse grâce devienne le partage de tous. Que ceux qui la possèdent en rendent simplement et librement témoignage ; que ceux qui la désirent la demandent avec foi, et elle leur sera donnée, car la volonté de Dieu c'est notre sanctification.

Chers amis ! Il nous était si doux de vous voir en grand nombre rompre avec nous le pain de vie, que l'heure de la séparation a été pénible. Déjà le dimanche soir et le lundi, nous voyions avec tristesse nos rangs s'éclaircir ; mais le mardi surtout, le vide a été grand par le départ de ceux à qui le Seigneur a donné comme à nous la charge de paître ses agneaux et ses brebis, parce que, comme nous, ils lui ont dit : « Tu sais toutes choses, tu sais que je t'aime. »

Nous voilà maintenant, bergers et troupeaux, revenus ou restés à la place qui nous a été désignée par la bonté souveraine. Laissons à l'Eternel le soin de dresser nos mains pour le combat et nos doigts pour la bataille. Qu'il soit notre forteresse, notre haute retraite, notre libérateur, notre bouclier parce que nous nous serons retirés vers Lui ! — Ps. CXLIV, 1-2. — Que la postérité de notre bienheureuse Mère soit digne d'elle, et que cette postérité ait à son tour pour fils et pour filles des hommes vaillants et des femmes « vertueuses » qui, de concert avec tous les saints, travaillent à l'établissement et au développement du règne de Dieu sur la terre.

Nous sommes heureux de croire à l'Eglise universelle. Bien des membres de cette Eglise restent ignorés des hommes ; mais Dieu les connaît, et l'œuvre d'amour qu'ils accomplissent, même à leur insu, recevra sa pleine récompense au grand jour des rétributions.

Recevez, mes bien chers frères, les cordiales salutations de votre tout dévoué dans la foi qui nous est commune.

ED. KRUGER.